Fabian Vogt

Gott für Neugierige

Fabian Vogt

Gott für Neugierige

Das kleine Handbuch himmlischer Fragen

EVANGELISCHE VERLAGSANSTALT
Leipzig

Fabian Vogt, geboren 1967 in Frankfurt am Main, ist Schriftsteller und Künstler, wenn er nicht gerade als promovierter Teilzeit-Theologe kreative Ideen für „kirchliche Kommunikationskonzepte" entwickelt – oder seine Leidenschaft für Geschichten auf der Kabarettbühne auslebt („Duo Camillo"). Für sein Roman-Debüt „Zurück" wurde er mit dem „Deutschen Science Fiction-Preis" ausgezeichnet, zudem hat er mehrere Kleinkunstauszeichnungen erhalten. Fabian Vogt lebt mit seiner Familie im Vordertaunus.

In der Reihe „Für Neugierige" sind bislang erschienen:

→ „Luther für Neugierige"
→ „Bibel für Neugierige"
→ „Kirchengeschichten für Neugierige"

Bibliographische Information der Deutschen Nationalbibliothek

Die Deutsche Nationalbibliothek verzeichnet diese Publikation in der Deutschen Nationalbibliographie; detaillierte bibliographische Daten sind im Internet über http://dnb.dnb.de abrufbar.

© 2016 by Evangelische Verlagsanstalt GmbH · Leipzig
Printed in Germany · H 8007

Das Buch wurde auf alterungsbeständigem Papier gedruckt.

Gesamtgestaltung: Kai-Michael Gustmann, Leipzig
Coverabbildung: Thees Carstens, Hamburg
Autorenfoto: Nicole Kohlhepp © 2011 Gemeinnützige MEDIENHAUS GmbH, Frankfurt/M.
Druck und Binden: BELTZ Bad Langensalza GmbH

ISBN 978-3-374-04266-1
www.eva-leipzig.de

Für alle,
die gerne gedanklich
auf Schatzsuche gehen.

Inhalt

Inhalt

Vorwort

Was ist eigentlich „Glauben"? Existiert Gott wirklich? Und wenn ja: Wie ist er dann so? Hat das Leben einen Sinn? Oder macht das alles nur noch komplizierter? Ist Vergebung gelegentlich eine Sünde wert? Und warum erleben wir so viel Leid in der Welt, wenn doch angeblich ein guter „Vater im Himmel" über uns wacht? Spannend, nicht wahr?

Das sind lauter verzwickte Fragen, die es in sich haben und die nur darauf warten, beantwortet zu werden. Finde ich jedenfalls. Na ja, und es geht ja noch weiter: Braucht man bei „Dreifaltigkeit" eine Hautcreme mit Aloe Vera? Wartet auf alle Menschen das „Jüngste Gericht" – oder sollten wir uns eher vor dem „Ältesten Gericht" fürchten? Und wenn nach dem Tod tatsächlich noch was kommt: Ist dann im Himmel auch mal die Hölle los?

Aber jetzt ganz ernsthaft: Was meinen „Glaubende" überhaupt, wenn sie von „Gott" reden? Lässt der sich irgendwie erklären? Oder, besser gesagt, kann man Gott wenigstens annäherungsweise beschreiben? Vor allem aber: Wie erkennt man Gott, wenn es ihn denn gibt? Schließlich macht es einen großen Unterschied, ob wir uns den oder das „Göttliche" eher als eine unsichtbar wabernde Macht vorstellen, die irgendwie alles umfließt, oder als einen himmlischer Buchhalter, der mit einem Sternen-Teleskop nach Art eines fremdländischen Geheimdienstes die Menschen kontrolliert – oder ob Gott einfach die Liebe ist, wie einige Romantiker gerne betonen. Wobei man in diesem Fall ehrlich eingestehen müsste: Wenn Gott die Liebe ist, würde das, mathematisch betrachtet, auch bedeuten, dass die Liebe Gott ist. Also, alles ganz schön kompliziert.

Nun, möglicherweise haben ja doch die Karikaturisten Recht, die Gott in ihren Skizzen so gerne als altklugen Verschnitt von Gandalf und Professor Dumbledore präsentieren, also als älteren, weisen Herrn, der zwar immer ein bisschen mehr weiß, aber auch schon reichlich betagt ist. Obwohl, wenn Gott wirklich derartig langbärtig aussähe, wäre das für mich ein hinreichender Grund, noch mal grundsätzlich zu überlegen, ob ich ihn mir wirklich vorstellen möchte? Und ob man das überhaupt darf?

Sie sehen schon, das mit Gott kann eine äußerst interessante Auseinandersetzung werden. Zudem muss ja auch noch geklärt werden, was eigentlich Jesus Christus, der Heilige Geist, die Kirche, das Heil der Welt, die Sünde und mein schrulliger Ortspfarrer mit diesem unfassbaren „Weltenlenker" zu tun haben? Das Schöne ist: Viele der eben genannten Fragen sind so existentiell, dass ihre Klärung möglicherweise einige Konsequenzen für unseren Alltag hätte. Außerdem finde ich sie schlichtweg unglaublich faszinierend. Darum möchte ich in diesem Buch versuchen, mit Ihnen dem geheimnisvollen „Gott", von dem die Bibel erzählt, auf die Spur zu kommen.

Allerdings gebe ich zu: Leicht ist das nicht. Wie soll man über einen Gott (oder gar: mit ihm) reden, den man weder sehen noch anfassen und vermutlich auch nicht begreifen kann? Klingt nach einer Riesenherausforderung. Und das ist es auch. Andererseits könnte es sich lohnen, diesem Thema ein bisschen nachzuspüren, weil die Bibel ja unentwegt davon schwärmt, dass einem Menschen nichts Schöneres und Befreienderes passieren kann, als Gott kennenzulernen. Na, die hat gut reden. Das ist so, als ob eine Traumfrau ihrem Verehrer zuflüstert: „Ich freue mich, wenn du mich anrufst" – und dann ihre Telefonnummer nicht verrät.

Also: Kann man Gott beschreiben oder nicht? Und wer hilft einem dabei weiter? Na, immerhin versuchen Menschen seit vielen tausend Jahren, Worte und Bilder zu finden, die helfen, das „Göttliche" zu verstehen: Poeten und Sänger, Träumer und Visionäre, Propheten und Schreiberlinge. Und natürlich die Theologen, die sich akribisch bemühen, das Heilige wissenschaftlich einzufangen. Nun bin ich selbst Theologe und liebe es, wissenschaftlich zu arbeiten, trotzdem gestehe ich reumütig: Viele der komplizierten Erklärungen und dogmatischen Vorstellungen, die die Forscher im Lauf der Zeit entwickelt haben, sind noch viel unverständlicher als Gott selbst. Leider.

Da wimmelt es nur so von diffizilen Fachausdrücken, da steigert man sich in abgehobene Spekulationen, da wird um feinste Randfragen gerungen – und oftmals hat das alles mit dem Leben des 21. Jahrhunderts (sprich: mit den ganz konkreten Bedürfnissen der Menschen heute) scheinbar kaum noch was zu tun. Als kleines Beispiel sei hier nur ein skurriler Zwist aus dem Mittelalter erwähnt, bei dem es um die hochgeistliche Streitfrage ging, „wie viele Engel wohl auf eine Nadelspitze passen".

Ich behaupte: Selbst wenn jemand dieses absurde Problem hätte denkerisch lösen können, wäre die Antwort für das Leben der Glaubenden völlig irrelevant geblieben. Deshalb: Wenn ich mir etwas für jede Form des theologischen Arbeitens wünsche, dann, dass die Beschäftigung mit Gott verständlich und lebensrelevant ist.

Vielleicht kann man es so sagen: Natürlich sind die theologischen Forschungen der Wissenschaftlerinnen und Wissenschaftler voller kluger Einsichten und Anregungen – man muss sie eben gelegentlich ein bisschen „herunterbrechen" und in „unsere" Sprache übersetzen. Und genau das versuche ich in diesem Büchlein. Anschaulich und nachvollziehbar.

„Gott für Neugierige" fasst die Erkenntnisse vieler Theologinnen und Theologen der vergangenen Jahrhunderte auf unterhaltsame

Weise zusammen – und zwar so, dass es (hoffentlich) Freude macht, sich mit ihnen zu beschäftigen, und dass man sie auch direkt zum eigenen Dasein in Bezug setzen kann. Denn die großen Fragen nach dem Leben und dem Tod, nach dem Sinn des Daseins, nach dem, was ein Leben heil macht, oder etwa danach, wie man mit Niederlagen umgeht, stellen sich schließlich jeder und jedem. Das heißt: Es könnte ein existentielles Vergnügen werden, ein wenig genauer zu wissen, wie das nun ist mit „Gott und der Welt".

Ich bin mir sehr wohl bewusst, dass ein solcher Ansatz ein gewagtes Unterfangen darstellt. Hochkarätige Forschungskräfte bemühen sich ihr Leben lang, theologische Zusammenhänge absolut präzise auszuformulieren. Und dann komme ich und wage es, das „Komplexe" leicht-sinnig und nachvollziehbar darzustellen. Deshalb bitte ich schon jetzt alle verehrten Akademiker um Vergebung, die über einen derart respektlosen Umgang mit der Wissenschaft vermutlich an manchen Stellen indigniert die Stirn runzeln – und freue mich mit den „Neugierigen", die Lust haben, sich den Fragen nach dem Leben mal in dieser Form zu stellen.

Natürlich vereinfache ich manches. Klar! Ich verkürze. Ich „elementarisiere", wie es heute so schön heißt. Und ich konzentriere mich auf wenige zentrale Aspekte der jeweiligen Themen. Aber genau das macht sie hoffentlich vielen zugänglich. Und wenn Sie nach der Lektüre dieses Buches denken: „So, jetzt besorge ich mir dazu noch mal ein richtiges Fachbuch, weil ich das Ganze so bedeutend finde", dann wäre ich mehr als zufrieden.

Sie müssen übrigens beim Lesen nicht immer meiner Meinung sein. Denn ich habe natürlich beim Zusammenfassen der Theorien eine subjektive Auswahl getroffen und möchte vor allem einen kleinen, hilfreichen Überblick über die gängigen Vorstellungen geben. Wenn Sie etwas ganz anders sehen und in Gedanken anfangen, mit mir zu diskutieren – umso besser. Ich selbst habe im Studium immer dann am meisten gelernt, wenn mich eine Autorin oder ein Autor herausgefordert hat, mir eine eigene Meinung zu bilden. Das heißt: Ich beantworte hier nicht nur Fragen, ich stelle gelegentlich auch welche …

Ach ja: Wenn jemand christliche Theologie studiert, dann behandelt er die Frage nach Gott und die weiteren Schwerpunkte dieses Buches im Fach „Dogmatik". Dieser Forschungszweig beschäftigt sich vor allem mit der „Glaubenslehre" und versucht zu erkunden und zu beschreiben, woran Christinnen und Christen glauben. Und natürlich ist die Dogmatik wiederum in viele Untergebiete aufgeteilt.

Ich habe meine Kapitel bewusst an Fragen aufgehängt, die mir im Alltag als Pfarrer regelmäßig begegnen. Damit Sie aber gelegentlich auf einer Party ein bisschen angeben können, verrate ich Ihnen trotzdem noch schnell, wie die dazugehörigen Schwerpunkte an den theologischen Fakultäten heißen (falls Sie es nicht schon längst wissen). Und gerade diese – aus dem Griechischen stammenden – Fachbegriffe zeigen sehr deutlich, wie sinnvoll es gelegentlich sein kann, mal ganz „untheologisch" über Theologie zu sprechen.

Also: Die Beschäftigung mit dem Sinn des Lebens wird in der Dogmatik im Rahmen des Menschenbildes behandelt und nennt sich „Anthropologie", um Jesus kümmert man sich in der „Christologie", alles, was mit Kirche zu tun hat, erforscht die „Ekklesiologie", und die Frage nach der Sünde beschäftigt die „Hamartiologie". Wie ein Mensch Heil erfährt, klärt die „Soteriologie", dem „Heiligen Geist" jagt die „Pneumatologie" nach, und wer wissen möchte, wie Gott sich die Zukunft vorstellt, der landet in der „Eschatologie". Zudem bemühe ich mich, in einem Kapitel eine Antwort auf die sogenannte „Theodizee" anzudeuten, also auf die Frage, warum Gott nichts oder zumindest „so wenig" gegen das Leid tut. Das alles bekommen Sie in geballter Form in diesem Buch. Nicht schlecht, oder?

Nun würden Sie vielleicht gerne noch wissen, warum dieses fröhliche Brevier die anmaßende Bezeichnung „Handbuch" hat? Ganz einfach: Möchte man im 21. Jahrhundert irgendwoher Antworten bekommen – etwa weil der Computer kryptische Warnmeldungen ausspuckt, das Auto fürchterlich quietscht und qualmt, ein unbekanntes, zwei Meter langes Reptil im Garten herumkriecht oder die Liebesbeziehung in die Weltfinanzkrise gerät – dann besorgt man sich ... genau: ein Handbuch. Zum Nachschlagen. Zum Informieren. Und zum Lösungen finden.

Nun, das, was Sie gerade in den Händen halten, versteht sich in diesem Sinn als Handbuch. Eben eines der „Dogmatik". Und es hat den festen Willen, ihre Fragen zu beantworten: Fundiert, hilfreich, übersichtlich und dabei fröhlich bietet es so etwas wie eine kleine „Gebrauchsanleitung" für die Grundfragen des Glaubens.

Und ich breche mir keinen Zacken aus der Krone, wenn ich Ihnen sage: Ohne solche Anleitungen würde ich vieles in meinem Alltag nicht verstehen. Das heißt aber auch: Wissbegierige können dieses Buch gerne in einem Rutsch durchlesen, andere schauen vielleicht aus einem speziellen Interesse erst einmal nur eine bestimmte Thematik an. Beides ist erlaubt.

So, und jetzt geht es los! Wir machen uns auf eine abenteuerliche Reise ins sagenumwobene Land der „Theologie" – in die Welt der „Geheimnisse des Glaubens". Und ich hoffe, dass Sie am Ende sagen können: „So, jetzt weiß ich endlich mal, wie das alles zusammenhängt." Weil ein systematischer Überblick den Horizont weitet. Weil Sie dann jede einzelne Sonntagspredigt viel besser einordnen können. Und weil Sie vielleicht Lust bekommen, wieder einmal ganz neu zu fragen, was das alles mit Ihnen zu tun hat.

Eine anregende Lektüre wünscht
Fabian Vogt

Einführung

Ein Bild von einem Gott

Eigentlich dürfte es das Fach „Dogmatik" in der Theologie gar nicht geben. Warum? Nun, weil Gott höchstpersönlich in den Zehn Geboten gefordert hat: *„Macht euch kein Bild von mir!"* Zwar ging es damals, vor dreitausend Jahren auf der ägyptischen Halbinsel Sinai, vordergründig um Götzenbilder aus Stein, Holz oder Gold, die in vielen Religionen des Orients angebetet wurden. Doch dahinter steckt natürlich mehr: Jede Statue, jedes Bildnis und jede Kultfigur ist ein menschlicher Versuch, das „Göttliche" einzufangen, ihm eine bleibende Gestalt zu geben, es festzulegen und zugleich zu begrenzen. Und genau dazu sagt Gott: „Nein!"

Denn eines ist klar: Kein von Menschen gemachtes Bild könnte „Gott" jemals gerecht werden. Wie auch? Keine irdische Darstellung wäre auch nur annähernd in der Lage, eine göttliche Eigenschaft so wiederzugeben, dass diese damit hinreichend sichtbar gemacht würde. Und das gilt eben nicht nur für geschnitzte Fetische oder in Stein gehauene Heiligtümer, sondern letztlich für jede Form der Veranschaulichung, die den Anspruch erhebt, etwas Gültiges über Gott auszudrücken. Sei es in Form einer dogmatischen Aussage („So ist Gott!"), in Gestalt einer verallgemeinernden Richtlinie („Gott sieht alles!") oder auch nur in der Art einer indirekten Vorgabe („Gott will, dass in unseren Gottesdiensten Orgel gespielt wird!").

Man kann sogar sagen: Immer, wenn jemand eine bestimmte Vorstellung von Gott „zementiert", wird es gefährlich – weil sich diese Vorstellung schnell und klammheimlich zwischen Gott und den Menschen „schiebt". Man sieht dann nur noch das fertige Bild von Gott und nicht mehr den, den es darstellen will. Sprich: Die menschlichen Anschauungen von Gott werden nach und nach wichtiger als Gott selbst. Man beschäftigt sich dann, ohne es bewusst wahrzunehmen, nicht mehr mit dem „Göttlichen" an sich, sondern nur noch mit dem Bild, das man von Gott hat. Und das heißt auch: Man betet nicht mehr Gott an, sondern eben „ein Bild" von ihm. Der allmächtige „Schöpfer" wird zurechtgestutzt auf ein persönliches Wunschideal und damit ganz klein gemacht. Handhabbar und gebrauchsfertig.

Mehr noch: Der Gott, dessen jüdischer Name ursprünglich von dem hebräischen Wort für „Leben" abgeleitet ist, wird in seiner Lebendigkeit massiv eingeschränkt, wenn ihn jemand quasi in „Worten" oder „Bildern" an die Kette legen will. Darum sprechen gläubige Jüdinnen und Juden ja den Namen Gottes bis heute nicht einmal aus, weil sie der Meinung sind, dass sich kein Mensch anmaßen sollte, das Heilige auch nur im Mund zu führen. Was sind schon gehauchte Silben? Wie könnten sie Gott fassen? Aus dem gleichen Grund schreibt der Apostel Paulus im 2. Korintherbrief: *„Der Buchstabe tötet, der Geist aber macht lebendig."* Weil alles, was einmal Schwarz-auf-Weiß verewigt, also im wahrsten Sinne des Wortes „festgeschrieben" wurde, fortan in einer Formulierung gefangen ist. Gehalten. Begriffen. Dass Gott so nicht eingesperrt werden möchte, kann ich gut verstehen.

Das Gebot *„Du sollst dir kein Bild machen!"* schützt Gott also davor, zum Spielball der Menschen zu werden. Und es schützt den Menschen davor, sich beim Glauben nur auf ein plattes Abziehbild der eigentlichen Schönheit Gottes einzulassen. Der tiefsinnige Dichter Rainer Maria Rilke hat deshalb einmal über das Heilige geschrieben:

Wir bauen Bilder vor dir auf wie Wände;
so dass schon tausend Mauern um dich stehen.
Denn dich verhüllen unsre frommen Hände,
so oft dich unsre Herzen offen sehen.

Dahinter versteckt sich tatsächlich ein Problem, unter dem alle Kirchen leiden: Sobald ein Mensch eine Gotteserfahrung macht oder meint, eine Facette des Göttlichen erkannt zu haben, gestaltet er daraus aus verständlichen Gründen ein Bild. Doch genau dieses Bild „versperrt" ihm fortan den freien Blick auf Gott. Ja, gerade sehr fromme Menschen halten sich gerne an einer bestimmten Idee von Gott fest und merken gar nicht, dass sie an der „Fülle des Lebens", von der Jesus spricht, nicht mehr teilhaben, weil sie so auf ihre kleine sakrale Nische fokussiert sind.

Dazu kommt: Fast immer, wenn irgendeine Glaubensgemeinschaft behauptet, sie wisse genau, wie Gott ist (und sich deshalb heiliger fühlt als alle anderen), führt das in der Folge zu „Mord und Totschlag". Es gibt also gute Gründe, die Zehn Gebote an dieser Stelle ernst zu nehmen. Auch wenn das für die „Dogmatik", und damit für alle Freunde einer anschaulichen Glaubenslehre, eine ungeheure Anfechtung bedeutet.

Entscheidend ist: Im Zentrum des biblischen Bilderverbots steht die „Fixierung", nicht das Bild selbst. *Gott will auf keinen Fall vereinnahmt oder festgelegt werden, gegen Bilder an sich hat er gar nichts.* Im Gegenteil: Jesus benutzt in seinen Reden und Predigten von morgens bis abends irgendwelche „Bilder", um zu beschreiben, wie Gott ist. Ja, er schwelgt geradezu in liebevoll beschriebenen Illustrierungen, Parabeln, Metaphern und Allegorien. Doch er macht das ausschließlich zur Veranschaulichung, nicht um damit eine letztgültige Aussage über Gott zu treffen: Jesus legt das „Göttliche" nicht fest, er deutet nur liebevoll an, womit man es vergleichen kann. Und ein Vergleich ist eben keine Definition.

Das vielleicht bedeutendste narrative Stilmittel ist für Jesus in diesem Zusammenhang das Wort „wie". Ja, das kleine Wörtchen „wie" ... – drei unscheinbare Buchstaben machen einen Riesen-Unterschied. Jesus gebraucht nämlich nur ganz selten die Formulierung „Gott ist ...", was ja eine Fixierung wäre, sondern fast immer die Worte „Gott ist *wie* ...". Und dann erzählt er eine leidenschaftliche Geschichte, benutzt ein Gleichnis oder malt den Menschen ein Bild vor Augen, das ihnen hilft, etwas vom Wesen Gottes zu begreifen. „Gott ist *wie* ...", „Das Reich Gottes ist *wie* ...", „Stellt euch bitte mal Folgendes vor ...".

Wenn Gott nach einer solchen Einleitung dann mit einem liebevollen Vater, einem guten Hirten, einem Sämann, einem reichen Gutsbesitzer, einem weisen König oder einem einladenden Gastgeber verglichen wurde, dann war allen Beteiligten klar, dass Gott zwar bestimmte Eigenschaften eines „guten Hirten" hat, aber dass er natürlich nicht einfach ein „Hirte" ist, wie man ihn damals überall auf den Feldern sah. Sprich: Jeder, der jetzt hinginge, und Gott fortan nur noch als Hirten bezeichnen und damit alle anderen Aspekte seines Wesens vergessen würde, hätte die Ebene des „Wie" verlassen und damit gegen das Bilderverbot verstoßen.

Deshalb kann man sagen: Ja, wir sollen und wir dürfen – so wie Jesus – gerne mit Hilfe von ganz unterschiedlichen Bildern und Gleichnissen versuchen, etwas von Gott deutlich zu machen. Aber es muss dabei klar bleiben, dass diese bildhaften Vorstellungen nicht den Anspruch erheben, abschließende Aussagen zu machen.

Nur: Das wissenschaftliche Credo eines Dogmatikers lautet natürlich: „Ich möchte gerne Letztgültiges sagen." Ja, ein Theologe möchte eindeutig und unmissverständlich beschreiben, was es mit Gott auf sich hat. Und auch dafür gibt es gute und sehr nachvollziehbare

Gründe. Drei davon stelle ich Ihnen kurz vor, bevor wir richtig in die Thematik einsteigen:

1. Ein wesentlicher Grund für die Notwendigkeit einer guten Dogmatik war die Tatsache, dass sich das Christentum schon bald nach dem Tod und der Auferstehung Jesu in der Welt des Hellenismus verbreitete, also in die griechisch-römische Kultur eintrat. Das heißt: Während sich zu Beginn der christlichen Bewegung überwiegend Jüdinnen und Juden bekehrten (die ja aus der schönen orientalischen Tradition des Erzählens und Vergleichens kamen), interessierten sich bald immer mehr Menschen mit einem hellenistischen Hintergrund für die neue Lehre von diesem Zimmermann aus Nazareth. Und einige dieser Leute hatten „griechische Philosophie" studiert, eine Wissenschaft, in der sehr viel Wert auf Logik gelegt wurde. Diese Gebildeten erwarteten ganz selbstverständlich, dass auch ein Glaubender aufgrund klarer Kriterien beschreiben kann, warum das, was er glaubt, wahr ist.

Zugespitzt kann man sagen: Die Hellenisten fanden weiche Formulierungen nach dem jesuanischen Muster „Gott ist *wie* ..." völlig unzureichend und forderten (in ihren Augen) verlässlichere Aussagen über das Wesen Gottes. Zudem existierten im römischen „Weltreich", das von der griechischen Kultur stark geprägt wurde, damals dermaßen viele Gottheiten, dass die Menschen eindeutige Unterscheidungsmerkmale wirklich brauchten: „Bitte definiert uns, worin sich dieser Gott, von dem Jesus erzählt, von den vielen anderen Gottheiten in den Tempeln unterscheidet!" Und die Christinnen und Christen ließen sich darauf ein: Sie bemühten sich nach bestem Wissen und Gewissen, den wissbegierigen Logik-Fans ein überzeugendes, klares Bild von Gott zu liefern. Und vergaßen dabei schnell die schöne Tradition des Geschichtenerzählens.

2. Ein zweiter ausschlaggebender Impuls für das Starkwerden der Dogmatik war das Aufkommen von Irrlehren. Schon zur Zeit des Apostels Paulus, also in der Mitte des 1. Jahrhunderts, erklärten plötzlich Leute lautstark: „Jesus wollte uns eigentlich etwas ganz anderes sagen, nämlich Folgendes ...“ Und dann wurde irgendein beliebiger Quatsch behauptet: „Jesus möchte vor allem, dass wir Orgien feiern.“ Oder: „Jesus will, dass nur die in den Himmel kommen, die möglichst viel über Gott wissen.“ Oder: „Jesus hat kein Interesse daran, dass römische Bürgerinnen und Bürger Gott kennenlernen.“ Noch wilder wurde es, als sich an vielen Orten Gruppierungen bildeten, die sogar die zentralen Aussagen des Christentums in Frage stellten: „Jesus war gar kein Mensch, er sah nur so aus.“ Oder: „Der Gott, von dem Jesus erzählt, ist nicht der Gott des Alten Testaments.“ Oder: „Jesus ist nicht auferstanden.“

Solche Behauptungen waren natürlich für viele Christinnen und Christen eine echte Anfechtung. Und sie sahen sich immer öfter gezwungen, schriftlich festzulegen, wie Jesus und wie Gott richtig zu verstehen sind – um sich von denjenigen abzugrenzen, die (ihrer Meinung nach) Jesus nicht richtig verstanden hatten. Das heißt: Viele bis heute gültige Erklärungen zu Gott entstanden aus der Not und der Distanzierung heraus. Auch das „Apostolische Glaubensbekenntnis“, das sonntags in vielen Gottesdiensten gesprochen wird, ist in dieser Zeit entstanden, in der es vor allem darum ging, klarzumachen, woran man nicht glauben möchte. Der Versuch, eine gültige Glaubenslehre zu formulieren, war also unumgänglich, weil sonst Splittergruppen die Deutungshoheit über das Christentum übernommen hätten.

3. Der dritte Anlass für den Siegeszug der Dogmatik hängt mit dem eben genannten Punkt zusammen: Das Christentum geriet, während es sich von einem Land zum nächsten und von einer Kultur zur anderen ausbreitete, in Gefahr, seine Einheit zu verlieren. Es gab damals

nämlich nicht nur die vier Evangelien, die heute in der Bibel stehen, sondern noch einige mehr. Und weil vor 2000 Jahren auch die Idee des Copyrights nicht existierte, fingen darüber hinaus immer mehr Gläubige an, fröhlich im Namen des Apostels Paulus oder des Jüngers Petrus Briefe mit theologischen Ideen zu schreiben und zu verbreiten. Ja, unglaublich viele Leute hatten das Gefühl, auch sie könnten noch einige kluge Gedanken und Anregungen zum Verständnis Gottes beitragen. Mit dem Ergebnis, dass es irgendwann einen unüberschaubaren Wust an „heiligen" Schriften gab.

Daraufhin entschieden einige leitende Geistliche gegen Ende des zweiten Jahrhunderts, dass mit dem Wildwuchs nun endlich Schluss sein müsse. Sie sammelten die Flut von Traktaten, Pergamenten und machten sich daran, einen „Kanon" festzulegen, also: zu entscheiden, welche Texte in Zukunft für die Christenheit von Bedeutung sein sollten und welche nicht. Die Texte, die man damals in den „Kanon" aufnahm, finden wir heute in der Bibel – die anderen wurden vernichtet oder sind als sogenannte „Apokryphen" erhalten geblieben. Tja, und dabei stellten die Gelehrten schnell fest: Die Qualität eines Textes konnten sie nur beurteilen, wenn sie vorher klare Kriterien dafür festlegten. Und das bedeutete nichts anderes als die Erstellung eines dogmatischen Wertekanons. Es musste schließlich erläutert werden, warum ein Brief oder ein Evangelium für „theologisch korrekt" oder für „falsch" erklärt wurde.

Zusammengefasst heißt das: Wir brauchen natürlich eine christliche Glaubenslehre, aber sie steht immer unter dem mahnenden Vorbehalt des Bilderverbots. Oder wie der kluge Theologe Karl Barth es einmal formulierte: *„Wir sollen als Theologen von Gott reden. Wir sind aber Menschen und können als solche nicht von Gott reden. Wir sollen beides wissen und eben damit Gott die Ehre geben."* Dogmatisches Reden funktioniert nur mit einer gehörigen Portion Ehrfurcht. Und mit der

Erkenntnis, dass jede Glaubenslehre nur eine Form des Vergleichs ist, ein vorsichtiger, tastender Versuch, das Unsagbare so auszudrücken, dass wir angeregt werden, weiterzudenken.

Insofern gilt auch für alles, was ich in diesem Buch – bisweilen mit einem Augenzwinkern – erkläre: Lesen Sie bitte alles als ein großes Gleichnis und hören Sie immer das große „WIE" mit. Gott ist *wie* ... Vielleicht wird dann aus den vielen bildhaften Puzzlesteinen ein großes Mosaik, in dem sich etwas von der unfassbaren Schönheit des Glaubens widerspiegelt. Und jetzt geht es los!

Was ist eigentlich Glaube?

Von der Kunst zu vertrauen

Es gibt ja Leute, die lieben den Satz: „Ich glaube nur, was ich sehe!" Haben Sie das schon mal gehört? Nun, offen gesagt: Das ist eine ziemlich verrückte Aussage, weil Glauben und Sehen überhaupt nichts miteinander zu tun haben. Das wäre so, als würde ich erklären: „Ich esse nur, was ich tanze!"

Noch schöner finde ich es, wenn der Satz „Ich glaube nur, was ich sehe" von Ingenieuren formuliert wird, also von Menschen, die anschließend leidenschaftlich von Atomen, Elektronen, Quarks und statischer Ladung schwärmen. Dann denke ich immer: Wann haben sie die denn das letzte Mal gesehen?

Eines ist jedenfalls klar: Glauben meint bestimmt nicht das, was ich mit meinen Sinnen erkennen kann. Das nennt man ganz schlicht „Wahrnehmung". Sprich: Wenn ich etwas sehe, dann nehme ich es wahr. Womit darüber, was „Glauben" bedeutet, überhaupt nichts gesagt wird. In dem Satz „Ich glaube nur, was ich sehe" herrscht also eine ziemlich verdrehte Vorstellung von „Glauben".

Tja, aber was ist Glauben dann? Nun, manche Leute denken tatsächlich, Glaube sei das Gegenteil von Verstehen. Und dann spielen sie gerne den Verstand gegen den Glauben aus: Entweder – oder. Der große Glaubenskritiker Richard Dawkins schreibt zum Beispiel in seinem Buch „Der Gotteswahn": *Ich bin ein Gegner der*

Religion. Sie lehrt uns, damit zufrieden zu sein, dass wir die Welt nicht verstehen."

Damit macht er die Logik zum Maßstab seiner Beurteilung und kommt zu dem ganz konsequenten Schluss: Glauben ist weniger wert als Verstehen. Glauben wäre demnach eine Kapitulation vor dem Intellekt und vor der Wirklichkeit. Was aus seiner Perspektive, die den Verstand in den Mittelpunkt stellt, sogar stimmt. Aber ich fürchte, dass der große Glaubenskritiker von dem, was Glauben wirklich bedeutet, relativ wenig Ahnung hat.

Um das mal mit einem Bild deutlich zu machen: Wenn ich jemanden bitte, mir ein Pfund Mehl abzumessen, und er kommt mit einem Zollstock an – dann haben wir ein Kommunikationsproblem. Und wenn dieser jemand zudem erklärt, ausschließlich die Länge einer Sache sei relevant, man dürfe nur mit einem Zollstock messen und jede andere Maßeinheit wäre minderwertig, dann wird er immer abschätzig auf mein Mehl herunterschauen. Und leider auch nie einen leckeren Kuchen essen.

Ein dritter Ansatz, der an den zweiten anschließt, lautet: „Glauben" ist ein „Für-wahr-Halten". Also: „Ich weiß nicht, ob es stimmt, aber ich bin trotzdem bereit, es als wahr zu akzeptieren." Das hieße: Glaubende sind Menschen, die einfach mal so etwas für richtig halten, das man nicht beweisen kann. Womit wir den Glauben aber schon wieder, so wie Dawkins, auf der Ebene des Verstandes angesiedelt hätten: „Ich denke mir etwas als wahr und verzichte halt auf Beweise." Nun, ich vermute, dass wir auch mit dieser Herangehensweise dem Phänomen „Glauben" in keiner Weise gerecht werden.

Außerdem kommt die Erkenntnistheorie in den letzten Jahren immer mehr zu dem Schluss, dass auch jede wissenschaftliche Erkenntnis letztlich von uns, den Menschen, und von unseren Sinneseindrücken und Beobachtungsperspektiven abhängt. Ja, selbst noch so fundierte Forschungsergebnisse sind nie ganz objektiv, sondern hängen immer von der subjektiven Betrachtungsweise ab. Sprich: In der Wissenschaft wird deutlich mehr geglaubt, als den Wissenschaftlern lieb ist, so dass sie eigentlich sagen müssten: „Ich kann nur beweisen, was *ich* sehe!"

Also: Glauben ist nicht Wahrnehmen, ist nicht mangelndes Verstehen und ist auch nicht einfach ein „Für-wahr-Halten" von Dingen, die man nicht erklären kann. Aber was ist es dann? Dazu möchte ich gerne zwei kleine Exkurse einschieben:

Exkurs I. Warum glauben Menschen überhaupt?

Wir wissen aus den Sozialwissenschaften, dass es im Menschen eine tiefe Sehnsucht danach gibt, für sich die wesentlichen Fragen des Daseins zu beantworten. Dazu gehören vor allem die drei Urfragen: Wo komme ich her? Wo gehe ich hin? Und: Warum bin ich da? Das möchten wir alle gerne wissen. (Rein statistisch betrachtet sind ja deshalb nur wenige Prozent aller Menschen auf der Welt nicht religiös.) Warum wollen wir das alles wissen? Ganz einfach: Weil man, wenn man diese zentralen Fragen für sich beantwortet hat, bewusster, intensiver und erfüllter leben kann. Denn erst dann habe ich ja eine Ahnung davon, was das Dasein eines Menschen wertvoll macht. Solange ich das nicht oder nur andeutungsweise weiß, bleibe ich immer unsicher, ob ich denn tatsächlich das Wesentliche in meinem Leben gefunden habe – oder ob ich völlig an dem vorbeilebe, was sein könnte. Was auch bedeuten würde, dass ich nie ganz zufrieden sein darf. Immer bleibt ein Zweifel daran, ob ich das Beste aus meinen Möglichkeiten gemacht habe. Sprich: Wir sehnen uns nach tragfähigen Antworten.

Dazu hat schon der Sprachphilosoph Ludwig Wittgenstein geschrieben: „*Wir fühlen, dass selbst, wenn alle möglichen wissenschaft-*

lichen Fragen beantwortet sind, unsere Lebensprobleme noch gar nicht berührt wurden." Natürlich. Wir merken doch andauernd, dass wir die wahrhaft wichtigen Dinge nicht rational erklären können. Viele wissenschaftliche Erkenntnisse der letzten Jahrzehnte haben dazu beigetragen, dass wir heute gesünder, klüger und globaler leben – aber glücklicher sind wir dadurch noch lange nicht. Weil sich die wesentlichen Dinge eben der rationalen Logik entziehen. Es gibt nun mal keine kognitiven Erklärungen dafür, warum wir uns ausgerechnet in diese oder jene „Pappnase" verlieben, warum wir in einer Situation voller Hoffnung sind oder warum uns etwas völlig verletzt. Da helfen kluge Erklärungen gar nichts. Ja, wenn Sie nicht wissen, wie Sie Ihren leidenschaftlich angebeteten Schwarm ansprechen können, weil Sie zu schüchtern sind, dann hilft es Ihnen nichts, wenn Ihnen ein Biologe sagt: „Sie sind nur verliebt, weil eine ihrer Drüsen Dopamin ausgeschüttet hat."

Offensichtlich suchen wir Menschen nach einem umfassenderen Erklärungsmodell für unser Dasein, weil die wissenschaftlichen Antworten bei den echten Sinnfragen an ihre Grenzen kommen. Und *dieses Weitersuchen hinter dem Intellekt, das hat etwas mit Glauben zu tun.* Was zugleich zeigt: Glauben ist nicht weniger als Denken. Es ist etwas ganz anderes. Nicht etwas Besseres oder Schlechteres, sondern ein Herangehen an das Leben, das sich fundamental von der reinen Erkenntnis unterscheidet. Schon deshalb, weil wir uns dabei nicht uns selbst zum Maßstab nehmen können. Denn wir ahnen natürlich: Die Fragen nach dem Woher, dem Wohin und dem Warum, die kann niemand aus sich selbst beantworten. Wir sind die Frage. Aber wo finden wir die Antwort? Und damit kommen wir zum zweiten Exkurs:

Exkurs II. Wie können Menschen Gott erkennen?

Ich habe schon gesagt: Leute, die mit dem Glauben hadern, kokettieren gerne damit, dass sie Glauben und Verstehen gegeneinander ausspielen. Nun ist aber eine der wichtigsten Aussagen vieler kluger Forscherinnen und Forscher die, dass man Gott gar nicht logisch verstehen kann. Mehr noch: Könnte ich Gott mal eben verstehen und erklären, dann müsste ich überhaupt nicht mehr glauben – dann wäre einfach alles bewiesen. Ja, wenn es im Christentum allein ums Verstehen ginge, wäre der Glaube überflüssig. Jeder, der möchte, dass sich Gott intellektuell fassen lässt, fordert letztlich die Abschaffung des Glaubens. Was ein großer Verlust für die Welt wäre.

Also: Wir müssen damit leben, dass Gott größer ist als unsere Erkenntnismöglichkeiten. Der berühmte Theologe Rudolf Otto hat das einmal so ausgedrückt: *„Zwischen Gott und dem Menschen besteht ein grundlegender Unterschied."* Ein essentieller Unterschied. Und das bedeutet: Gott ist für unsere sinnliche Wahrnehmung und für unser Denken nicht direkt zugänglich. Oder anders ausgedrückt: Wäre Gott für uns fassbar und erklärbar, dann wäre er nicht mehr Gott.

Nun kommt es aber im Christentum zu einem unglaublichen Paradox. Wir Menschen können Gott nicht von uns aus erkennen. Gleichzeitig gilt: Gott möchte, dass wir ihn erkennen und darum gibt er sich auch zu erkennen. In der Bibel, in Gebeten, die er beantwortet, in Erscheinungen, vor allem aber in seinem Sohn Jesus Christus schafft Gott, so der christliche Grundgedanke, für seine Schöpfung die Möglichkeit, etwas von ihm wahrzunehmen und zu ihm in Kontakt zu treten. Er wählt eine Art indirekte Kommunikation, die nicht auf der Ebene des Verstandes angesiedelt ist, sondern auf der Ebene der Erfahrung. Und schon das zeigt, dass „Gotteserkenntnis" niemals objektiv, sondern immer nur subjektiv sein kann. Ein Mensch macht eine Gotteserfahrung. Das ist etwas Persönliches zwischen ihm und Gott.

Natürlich gehört zum Glauben auch immer die denkerische Auseinandersetzung, aber weil wir Gott selbst niemals verstehen werden, kann alles Nachdenken nur die Wege ebnen, um sich auf die Erfahrungen mit Gott einzulassen. Im Hebräerbrief heißt es deshalb ganz schlicht: *„Es ist aber der Glaube eine gewisse Zuversicht auf das, was man hofft, und ein Nichtzweifeln an dem, das man nicht sieht."* Geht es also doch um ein „Für-wahr-Halten"? Nein. Denn Zuversicht und fehlender Zweifel sind ja keine kognitiven, also keine intellektuellen Kategorien, sondern ein Verhalten. Sprich: Es geht beim Glauben, also beim Umgang mit Gott, im Kern nicht um eine Frage des Verstehens, sondern (und damit führe ich den Gedanken der Erfahrung weiter) um eine Frage des Seins. Oder anders ausgedrückt: *Glaube ist keine Erkenntnisform, sondern ein Beziehungsbegriff.* Bin ich bereit, diesem Gott zu vertrauen?

Auf den Punkt gebracht: Glauben meint das Sich-in-Beziehung-setzen-zu-Gott. Was übrigens schon unsere Sprache verrät. Das Wort „Religion" kommt nämlich von „religere", „sich zurückbinden", „sich an etwas wieder festmachen". Und wissen Sie, was das Wort „Glaube" ursprünglich bedeutete? Nun, „Glauben" kommt von dem indogermanischen Wortstamm „leubh" und heißt nichts anderes als „lieb haben", „begehren", „für gut heißen". Wenn wir bekennen „Ich glaube an Gott", dann steckt da drin etymologisch eigentlich die Aussage: „Ich habe Gott lieb". Womit das germanische Wort „Glaube" auch genau das wiedergibt, was im griechischen Wort für „Glauben" steckt: „Pistis" (so wird der Glaube im Neuen Testament genannt) heißt nämlich „vertrauen" – und dass wir uns heute mit dem Wort „Glauben" bisweilen so schwer tun, liegt daran, dass wir die ursprüngliche Bedeutung nicht mehr hören: Es geht um Liebe und Vertrauen. Also um die beiden wichtigsten Gefühle des Lebens.

Ich behaupte: Wenn Sie an jeder Stelle der Bibel, an der „Er glaubte Gott" steht, einsetzen „Er vertraute Gott", dann sind Sie dem, was da ursprünglich gemeint ist, näher. Viel näher sogar. Auch im Glaubensbekenntnis sollten wir besser beten: „Ich vertraue Gott, dem Vater …" Denn das wurde ursprünglich damit ausgedrückt. „Ich vertraue Jesus, seinem eingebornen Sohn …" und „Ich vertraue dem Heiligen Geist …" Apropos Glaubensbekenntnis: Selbst das lateinische Wort „Credo" spiegelt die Idee des Vertrauens wider. „Credo" kommt nämlich von „Cor dare" (= lateinisch), „sein Herz geben", noch besser: „sein Herz verschenken". Ein Credo beschreibt deshalb gerade nicht etwas, was ich für wahr halte, sondern etwas, an das ich mein Herz verschenke: „Ich verschenke mein Herz an Gott, den Allmächtigen …"

Der „Glaube" interessiert sich nicht primär für faktische Wahrheit, sondern dafür, ob es etwas in unserem Leben gibt, auf das wir mit ganzem Herzen vertrauen. Und weil Gott den Menschen seit Jahrtausenden anbietet, zur Antwort ihrer Lebensfragen zu werden, geht es beim christlichen Glauben darum, diesem Gott zu vertrauen. Sich ihm anzuvertrauen. Ihn zu lieben. Und das sind alles Dinge, die auf einer ganz anderen Ebene stattfinden als das Denken. Meine Frau jedenfalls würde sich heftigst beschweren, wenn ich statt „Ich liebe Dich!" nur sagen würde „Ich denke, dass ich Dich liebe!".

Selbst wenn das jetzt ziemlich spirituell klingt: Es ist kein Zufall, dass auch areligiöse Psychologen ganz klar betonen, dass „Urvertrauen" die absolute Grundlage dafür ist, dass Menschen glücklich werden können. Jede und jeder braucht etwas, dem er vertrauen kann. Und wer sich, dem Leben oder Gott nicht vertraut, der wird es schwer haben. Glauben ist Lebenskunst, ist Vertrauen darin, dass es einen gibt, der mich will und mich liebt.

Und weil man von Gott eben nicht so einfach in menschlichen Kategorien sprechen kann, erzähle ich zum Schluss dieses Kapitels eine der markantesten Glaubensgeschichten. Sie steht im 1. Buch Mose, das auch Genesis heißt, im zwölften Kapitel: *„Der Herr sprach zu Abram: Zieh weg aus deinem Land, von deiner Verwandtschaft und aus deinem Vaterhaus in das Land, das ich dir zeigen werde. Ich werde dich zu einem großen Volk machen, dich segnen und deinen Namen groß machen. Ein Segen sollst du sein. Ich will segnen, die dich segnen; wer dich verwünscht, den will ich verfluchen. Durch dich sollen alle Geschlechter der Erde Segen erlangen. Da zog Abram weg, wie der Herr ihm gesagt hatte."* Darin stecken einige markante Eigenschaften des Glaubens:

1. Abram vertraut

Abram, der später Abraham heißen wird, gilt bis heute als großes Glaubensvorbild, weil er genau das getan hat, was wir eben als „Geheimnis des Glaubens" herausgearbeitet haben: Abram vertraut. Er bricht auf, obwohl er nicht weiß, wohin ihn die Reise führen wird. Auch wenn er keine Ahnung hat, was Gott genau mit ihm vorhat. Und allein darin zeigt sich, dass Glauben etwas anderes ist als Wissen. Keiner der biblischen Helden (weder Abram noch Mose oder Josua) wäre jemals aufgebrochen, wenn es nur um Fakten gegangen wäre. Niemand rennt einfach so in die Wüste. Es ging aber bei all diesen Männern nicht um Logik. Es ging um Vertrauen. Und ich behaupte: Jede neue Erfahrung, also alles, was über meinen bisherigen Erfahrungshorizont hinausgeht (auch in der Wissenschaft), wage ich nur mit „Glauben", denn ich muss ja gewohntes und mir bekanntes Gelände verlassen und darauf hoffen, dass das Neue, Unbekannte gut wird.

2. Abram bekommt ein Ziel

Wenn Glauben aus der Sehnsucht erwächst, eine Antwort auf die Fragen „Woher?", „Wohin?" und „Warum?" zu bekommen, dann zeigt sich in dieser Geschichte sehr anschaulich, dass Gott genau diese Anliegen sieht und für den Menschen einen passenden „Lebensentwurf" kennt. Anders ausgedrückt: Dass er eine Vorstellung davon hat, auf welche Weise sich jeder am besten entfalten kann: „Ich werde dir das Land zeigen." Dass er Menschen einlädt, die in ihnen angelegten Talente und Begabungen auszuleben und darauf zu bauen, dass er ihnen im rechten Moment zeigt, wohin ihr Weg gehen kann. Postmodern ausgedrückt würden wir wohl eher davon sprechen, dass es für jeden Menschen eine Aufgabe gibt, eine Möglichkeit, diese Welt im Sinne Gottes und der individuellen Möglichkeiten zu gestalten und zu prägen. Und die herauszufinden, ist äußerst spannend.

3. Abram ist gesegnet

Menschen würden Gott nicht vertrauen, wenn es nicht zum Kern seiner Botschaft gehören würde, dass er Gutes für uns will. *„Ich will dich segnen"*, das ist nicht nur die unmissverständliche Botschaft an Abram, sondern an alle Menschen. *„Ich will dich segnen!"* – was nichts anderes bedeutet, als dass wir uns auf Gottes Zuneigung verlassen können. Dieser Gott ist vertrauenswert, behauptet die Bibel, weil er uns liebt. Weil er sich nichts *mehr* wünscht, als dass unser Leben gelingt und voller Segen ist. Wenn ein Mensch das weiß, wird er übrigens auch nicht mehr vom ewigen Erlebniszwang getrieben, der ihm vorgaukelt, er müsse selbst und zwar möglichst schnell das Beste aus seinem Leben machen. Nein, es ist in Gottes Interesse, dass es mir gut geht. Ich darf mich natürlich für meine Ideale einsetzen, aber die Angst, etwas zu versäumen, verliert ihre Macht über mich. Abram vertraut Gott, weil er ahnt, dass er damit sich selbst das Beste tut.

4. Abram wird zum Segen

Wenn es eine der großen Fragen aller Menschen ist, welche Rolle sie denn in den umfassenden Weltzusammenhängen spielen, dann bekommt Abram schon vor 4000 Jahren eine wunderschöne Antwort: *„Du sollst zum Segen werden.“* Und „Segen werden“ ist ja etwas, was erkennbar über mich hinausgeht. Spannend ist in einem solch weiten Horizont nicht die Frage, was ich bekomme, sondern was ich der Welt geben kann. Wie ich sie zu ihrem Segen gestalten kann. Sprich: Wo kann und wo will ich zum Segen in dieser Welt werden? Diese Frage ist eine der zentralen Glaubensfragen, weil ein Mensch, der voller Vertrauen ist, auch gerne seinen Teil zum Gelingen des Lebens an sich beitragen möchte. In dem biblischen Begriff „Vertrauen“ offenbart sich also eine ganzheitliche Erfahrung, die die Werte des menschlichen Daseins auf den Kopf stellt.

Was ist eigentlich Glauben? Christinnen und Christen würden antworten: Die Zuversicht, dass mein Leben vom Vertrauen auf Gott getragen wird.

Gibt es Gott?

Auf der Suche nach
dem „ganz Anderen"

Tja: „Gibt es Gott?" Das ist wahrlich eine herausfordernde Frage. Und sie ist auch ganz typisch für die westliche Welt. Wir aufgeklärten, modernen Sinnsucher möchten für alles Beweise oder Belege haben. Das heißt: Für uns impliziert die Frage nach Gott ganz selbstverständlich, dass wir nach einer „faktischen Wahrheit" suchen: „Kann man Gott so verifizieren, dass seine Existenz quasi nachgewiesen ist?" Nur wenn wir etwas mit dem Verstand begreifen, messen und fassen können, halten wir es für wahr.

Nebenbei: Andere Kulturen sind da ganz anders. Sie fordern nicht zuerst Messergebnisse, sondern fragen eher: Was erlebe ich, wenn ich mich auf dieses oder jenes einlasse? Was fühle ich? Was macht das mit mir? Welche sinnliche Erfahrung bringt das? Was hilft mir, gut zu leben? Welche Bedeutung hat diese Auseinandersetzung für meinen Alltag? Und tatsächlich könnte es ja sein, dass die Suche nach Gott – ähnlich wie die nach der Liebe, der Freiheit oder der Hoffnung – gar nicht im Bereich des Kognitiven stattfinden kann, sondern einen ganz anderen Weg gehen sollte.

Deshalb müssen wir eines vorher klären: Auf welcher Ebene kann ich die Frage nach Gott überhaupt stellen? Schließlich haben wir ja schon im letzten Kapitel gesehen, dass Verstehen und Glauben ganz unterschiedliche Zugänge zum Leben sind. Das hat natürlich auch weitreichende Konsequenzen für die Gottesfrage. Wer Gott mit

Nachweisen einkreisen will, um ihn schließlich im Netz der Beweisbarkeit zu fangen, der wird scheitern.

So wie ein Mann – wie oben angedeutet – scheitern würde, wenn seine Ehefrau ihn bäte, er möge doch seine Liebe mal argumentativ belegen. Was wäre das für ein Gestammel. Und wie unromantisch. Weil Liebe zum Glück größer ist als Verstehen. Ich kann am Verhalten einer Partnerin oder eines Partners merken, dass sie oder er mich liebt – und doch weiß jeder, dass Worte einfach nicht ausreichen, um eine Liebesbeziehung zu fassen.

Darum hat der Kirchenvater Augustinus Anfang des 5. Jahrhunderts sehr lässig geschrieben: *„Wenn wir es verstehen, dann ist es nicht Gott."* Erkenntnis allein ist nicht der richtige Zugang, um Gott näher zu kommen. Ja, mehr noch: Es gehört zum Wesen Gottes, dass er *„nicht definiert werden kann"*, wie der mittelalterliche Gelehrte Thomas von Aquin es einmal ausdrückte. Denn das lateinische Wort „definieren" heißt ja „Grenzen setzen" – und kein Mensch kann Gott Grenzen setzen. Zumindest wollte ich einen „beschränkten" Gott nicht haben. Das wäre doch zu klein gedacht.

Wenn wir fragen, ob es Gott gibt, dann müssen wir also zuerst feststellen, dass wir darauf möglicherweise keine logische Antwort geben können. Gott übersteigt die menschliche Logik und ist daher nicht so leicht mit unseren Begrifflichkeiten zu beschreiben. Darum erklärte auch Dietrich Bonhoeffer sehr deutlich: *„Einen Gott, den es gibt, gibt es nicht."* Also: Ein Gott, den wir mit menschlichen Ideen von Existenz erklären könnten, wäre ungöttlich. Was die Reformatoren zu der markigen Formulierung inspirierte: *„Ein Käfer versteht vom Menschsein so viel wie der Mensch von Gott."*

Na großartig! Das klingt ja ziemlich ernüchternd. Aber schauen wir doch erst mal weiter. In einem ersten Schritt haben wir nur festgestellt, dass unsere Vorstellungsmöglichkeiten von Sein nicht ausreichen, um Gott zu beschreiben. Aber das ist ja vielleicht gar nicht so schlimm, wie es auf den ersten Blick scheint. Im Gegenteil: Seit einiger Zeit fordern viele Glaubende ohnehin, dass die Kirchen endlich die mysteriösen und alles Rationale übersteigenden Facetten Gottes wieder entdecken. Das Mysterium. Es hat nämlich weder Gott noch den Menschen gut getan, dass wir verzweifelt probiert haben, ihn zu erklären. Die Theologen Gerhard Ebeling und Eberhard Jüngel haben aus diesem Grund im 20. Jahrhundert von *„Gott als dem Geheimnis der Welt"* gesprochen, und das meint: „Ja, es gibt Gott, aber er ist ein großes Geheimnis." Was Sie als Leserin oder Leser vermutlich aber noch nicht befriedigt.

Deshalb möchte ich gerne noch mal einen Schritt zurückgehen und Sie mitnehmen zu den Anfängen des Glaubens. Schon in den frühen Erzählungen davon, dass sich Gott den Menschen offenbart, wird nämlich klar: Die Bezeichnung „Gott" ... das ist gar keine Definition, das ist ... ein Name. Eine Person. Eine Persönlichkeit. Und einen Namen kann man schlechterdings nicht definieren. Oder? Ich meine: Definieren Sie mal Schorsch. Oder Annegret. Ein Name verweist darauf, dass es hier gerade nicht um ein Ding geht, das man mal eben erklärt und inventarisiert, sondern um etwas Lebendiges.

Und damit sind wir genau bei dem Problem, das schon der israelitische Anführer Moses hatte, als Gott ihm in der Wüste erschien und ihn beauftragte, das Volk Israel aus Ägypten zu führen. Denn auch in dieser Situation blieb Gott undefinierbar. Obwohl Moses ihn ja ganz bewusst auffordert, er möge sich bitte so zu erkennen geben, dass die Israeliten wissen, mit wem sie es zu tun haben und wer sie da so großherzig befreien möchte. Womit wir sehen, dass der Wunsch des Menschen nach etwas Handfestem schon vor 3000 Jahren existierte – und dass Gott schon damals nicht bereit war, ein Selfie herauszurücken.

Was also entgegnet Gott, als Mose ihn um eine Selbstbeschreibung bittet? Ganz einfach: *„Ich bin der Gott deines Vaters, der Gott Abrahams, der Gott Isaaks und der Gott Jakobs."* Nun, das ist definitiv keine Definition. Das ist … die Erinnerung an eine Erfahrung: „Deine Vorfahren, lieber Mose, die haben mein Wirken erlebt." Und darin steckt die sanfte Aufforderung: Verlass dich nicht auf Beweise, sondern auf Erfahrungen. Was das Volk Israel im Übrigen im weiteren Verlauf der Geschichte tatsächlich getan hat. Bis heute gibt es im Judentum einen kostbaren Ritus, der sich an eine wunderschöne Bibelstelle anlehnt. Darin heißt es: *„Wenn dein Kind dich heute oder morgen fragt: ‚Wie ist das mit Gott?', dann sage ihm: ‚Gott hat uns mit mächtiger Hand aus der Sklaverei befreit.'"* Und dann erzählt man sich bis heute ausführlich die Geschichte vom Auszug des Volkes Israel aus Ägypten. Die Antwort auf die Frage nach Gott ist hier also eine Geschichte. Eine Geschichte einer Befreiung, die mehr über das Wesen Gottes aussagt als jede Definition.

Aber ich bin ehrlich: Auch diese Rückmeldung reichte schon dem rüstigen Schafhirten vor mehr als 3000 Jahren nicht. Moses sagt ziemlich erregt: *„Wenn ich den Israeliten erzähle, dass du mich beauftragt hast, dann werden ihnen alte Geschichten nicht reichen, sie werden deinen Namen wissen wollen. Also sag mir: Wie heißt du?"* Weil Namen zwar keine Definition, aber eben doch eine Art Festlegung sind. Gott antwortet wiederum mit einer Erklärung, die einerseits ein Name, andererseits aber auch … eine Erfahrung ist: *„Ich bin, der ich bin."* Besser übersetzt: *„Ich bin der, der immer für dich da ist, der dich begleitet."* Im hebräischen Namen für Gott, „Jahwe", steckt – wie schon angedeutet – der Wortstamm „Haja", und der bedeutet „leben". Eigentlich sagt Gott: *„Ich bin das Leben, das Leben bringt."* Da kann ich nur sagen: Definieren Sie mal Leben!

„Schön", sagt Mose genervt, *„aber das reicht immer noch nicht. Ich brauche Beweise. Irgendwas Konkretes. Sonst glauben mir die Israeliten*

nicht, dass ich in göttlichem Auftrag komme." Daraufhin zeigt Gott ihm verärgert ein paar Zaubertricks und sagt: „*Bitteschön, weil ich deinen Wanderstab in eine Schlange verwandeln kann, werden sie dir glauben, aber so habe ich mir das nicht gedacht ...*" Und man hört dabei mitklingen: „Wie schade, dass die Leute zwar einem Kunststück glauben, aber nicht dem lebendigen Gott. Wie erstaunlich, dass für viele Menschen die Beweisbarkeit wichtiger ist als eine gute Erfahrung."

Nun, auch die gesamte weitere Exodus-Geschichte ist letztlich nichts anderes als eine Erzählung davon, dass Gott die Menschen in den kommenden Jahren andauernd bittet, an ihn zu glauben, sie aber ständig neue Beweise seiner Existenz fordern. Vor allem in den Zeiten, in denen das Volk nach der Flucht 40 Jahre durch die Wüste zieht, möchte es sich andauernd der Gegenwart Gottes vergewissern und erwartet daher regelmäßig Offenbarungen: „*Wenn du uns Essen gibst, dann glauben wir.*" „*Wenn du uns zu trinken gibst, dann glauben wir.*" „*Wenn du uns gegen die Feinde hilfst, dann glauben wir.*"

Tatsache ist aber: Das stimmt nicht. Gott schickt dem Volk nämlich andauernd irgendwelche Belege seiner Existenz – und, wenn es drauf ankommt, vertrauen ihm die Leute trotzdem nicht. Erstaunlich, oder? Obwohl: eigentlich nicht. Weil noch so treffende Argumente kraftlos bleiben, wenn sie nicht einen Bezug zum eigenen Leben haben. Ja, ich behaupte sogar: Wenn die Existenz Gottes morgen ein für alle Mal bewiesen wäre, würden vermutlich trotzdem nicht alle Menschen glauben. Sie würden immer noch denken: Der hat ja mit mir nichts zu tun. Dass etwas als wahr erwiesen ist, heißt schließlich noch lange nicht, dass es für unser Dasein irgendeine Konsequenz hat.

Trotzdem: Moses kann von Gott nicht genug bekommen und sagt eines Tages: „*Gott, ich möchte dich sehen!*" Sprich: Ich will den endgültigen Beweis deiner Existenz. „*Tja*", sagt Gott, „*das geht leider nicht. Denn kein Mensch würde es überleben, mich zu sehen.*" Das Heilige ist so anders als die Schöpfung, dass der Mensch es nicht ertragen würde, damit ungefiltert konfrontiert zu werden. Frauen und Männer schaffen es ja nicht einmal, ohne einen Schutz in die Sonne zu schauen – wie sollen sie dann die gleißende Helligkeit des Gottes ertragen, von dem es heißt, er sei das Licht der Welt? Tja, und dann benutzt die Bibel, wie ich finde, ein großartiges Bild. Gott sagt nämlich: *„Pass auf, Mose, mich anschauen, das funktioniert nicht. Aber ich werde an dir vorübergehen. Dabei halte ich dir die Augen zu. Wenn ich dann vorbei bin, dann nehme ich die Hand weg – und du darfst hinter mir her sehen."*

Wenn ich dieses Bild mal für uns übertrage, dann heißt das doch nichts anderes als: Während Gott bei uns ist, können wir ihn eigentlich immer nur schemenhaft erkennen, aber später, wenn wir „hinterher blicken", „zurück blicken", dann sehen wir, dass er da war, dann erkennen wir seine Spuren, dann wird seine Gegenwart klar erkennbar. Was für ein erhellendes Gleichnis für einen Gott, der mit den Menschen geht.

Trotzdem hat die Sehnsucht nach der Beweisbarkeit Gottes nie aufgehört. Einige der gelehrtesten Theologen wie Anselm von Canterbury, Thomas von Aquin oder Duns Scotus haben deshalb voller Leidenschaft versucht, sogenannte „Gottesbeweise" zu entwickeln – also: Gottes Existenz für die Intellektuellen logisch zu belegen. Ich fasse Ihnen die wichtigsten davon mal kurz zusammen.

Die meisten Gottesbeweise basieren übrigens auf der Betrachtung des Universums. Kurz gesagt, steckt dahinter die Idee: Wer die Welt sieht, für den ist erkennbar „es gibt einen Schöpfer". Das sagen zumindest einige bedeutende Denker. Zu behaupten, die Schöpfung sei ohne „lenkende Hand" entstanden, wäre demnach genauso absurd wie die Vorstellung, eine Druckerei würde explodieren und durch Zufall würde durch die Explosion alles so zusammengefügt, dass am Ende ein fertiges Buch in den Trümmern liegt.

„Nein", sagen die Anhänger dieser Beweise, „der Kosmos ist so perfekt, so durchdacht, so präzise, das kann nur Gottes Werk sein". Konkret wurde dieser Gedanke dann weiter in folgenden Gottesbeweisen zugespitzt:

1. **Der kosmologische Gottesbeweis.** Ihn gibt es gleich in verschiedenen Formen: a) Die Welt ist voller Bewegung. Wir wissen aber: Bewegung entsteht niemals von allein. Für jede Bewegung braucht es irgendeinen Auslöser. Also muss es einen geben, den „unbewegten Beweger", der alles angestoßen hat. Oder b) Überall in der Welt sehen wir, dass jedes Ding eine Ursache hat. Von nichts kommt nichts. Also muss es in der Kette der Entwicklungen einen ersten Verursacher gegeben haben. Oder c) Alle Dinge in der Welt können sein oder nicht sein. Irgendwer entscheidet, was ist und was nicht, was sein soll und was nicht. Und das heißt auch, dass es einen Maßstab, etwas schlechthin „Notwendiges und Gutes" gibt, das diese Dinge ins Leben ruft.

2. **Der ontologische Gottesbeweis.** Das ist der Versuch, Gott denkerisch zu belegen. Letztlich steckt dahinter der etwas kryptische Gedanke: Gott – oder auch „das Göttliche" – ist das Vollkommenste, das sich ein Mensch ausdenken kann, weil unsere Vorstellungskraft nicht in der Lage ist, sich etwas Vollkommeneres als Gott vorzustellen. Nun ist Gott aber noch größer als die menschliche Vorstellungskraft, also noch vollkommener. Und jetzt wird es hochphilosophisch: Weil es noch vollkommener ist, zu sein als gedacht zu werden, erschließt sich daraus, dass Gott als das ultimativ Vollkommene existieren muss. Sprich: Wenn man das Vollkommene denken kann, dann weist das darauf hin, dass es in einer höheren Sphäre existiert. (Sie können diesen Absatz jetzt immer wieder lesen, dadurch wird es aber auch nicht wirklich klarer.)

3. Der teleologische Gottesbeweis. Dieser Ansatz konzentriert sich darauf, dass es erkennbare Entwicklungslinien in der Schöpfung Gottes gibt. Das heißt: Die Welt ist nicht nur in sich stimmig und konsequent, sie entwickelt sich auch weiter. Ja, sie macht zum Beispiel erkennbare Fortschritte in der Wissenschaft, in der Technik, in der Medizin, in der Theologie und in der Vernunft. Wir beobachten, dass jede Generation auf vielen Gebieten weiter ist als die vorhergehende. Daraus lässt sich schließen, dass das Universum einem Plan folgt und einem Ziel zustrebt. Wenn dem aber so ist, dann muss es so etwas wie einen Weltenlenker geben, einen Baumeister, einen Wegbegleiter, der die kontinuierliche Entwicklung der Schöpfung geplant hat und in den Händen hält.

4. Der moralische Gottesbeweis. Aus dem Gewissen der Menschen und aus der grundsätzlichen Sehnsucht aller Völker nach einem übergeordneten Sittengesetz und einer funktionierenden Moral ist einsichtig, dass es ein Wertesystem gibt, das größer ist als die Menschen. Ja, alle Menschen wünschen sich klare Strukturen und eine Ordnung, nach der sie leben und auf die sie sich verlassen können. Das weist darauf hin, dass es einen außermenschlichen Gesetzgeber geben muss, der den Menschen das Verlangen nach diesen „moralischen Richtlinien" eingepflanzt hat. Dieser Gottesbeweis hat übrigens den Philosophen Voltaire zu der Formulierung gebracht: *„Gäbe es Gott nicht, dann müsste man ihn erfinden."* Weil eine Welt ohne Ordnung tatsächlich ein Horror wäre.

Der aufgeklärte Philosoph Immanuel Kant hat all diese Gottesbeweise vehement zurückgewiesen. Einerseits, weil sie – seiner Meinung nach – alle auf Zirkelschlüssen aufbauen und weil sie andererseits doch immer in der menschlichen Logik verankert bleiben. Er bemängelt also genau das, was wir anfangs schon gesehen haben:

Wenn wir glauben, wir könnten „das Göttliche" fassen, dann werden wir ihm gerade nicht gerecht. Zumindest nicht in einer Weise, die einem „Beweis" entspräche.

Für den schon erwähnten Theologen Karl Barth waren die Versuche, Gott in ein Denkraster zu stecken, ohnehin nur ein Zeichen für „Verweltlichung". Er plädierte dafür, Gott endlich wieder Gott sein zu lassen, also zu akzeptieren, dass wir ihn mit unserer Erklärungswut nur so überschaubar machen wollen wie unser Denken. Ein solcher Zugang wird Gott aber niemals gerecht. Schließlich kommt das Wort „beweisen" etymologisch von: „zeigen, dass etwas richtig ist" – und kein Mensch kann zeigen, dass Gott richtig ist.

Es bleibt die Erkenntnis: Wenn ich über einen allmächtigen und ewigen Gott mit begrenzten Worten sprechen möchte, dann werde ich immer an die Grenzen des menschlichen Verstands stoßen. Was aber gar nicht tragisch ist, sondern nur die Einzigartigkeit Gottes verdeutlicht. Im Mittelalter hat man sich aus der Begrenztheit unserer Logik sogar einen Spaß gemacht und so verrückte Fragen gestellt wie: *„Wenn Gott allmächtig ist, kann er dann einen Stein schaffen, der so schwer ist, dass er ihn selbst nicht heben kann?"* Die Frage ist klasse. Weil sie eben paradox ist. Ganz gleich, ob ich diese Frage mit Ja oder Nein beantworte: Am Ende ist Gott doch nicht allmächtig. Entweder weil er den Stein gar nicht schaffen kann, oder weil er ihn nicht heben kann. Hier kommt die Logik ein für alle Mal an ihr Ende. Was auf unsere Spurensuche zum Glück noch nicht zutrifft.

Was machen wir? Gott selbst zeigt, dass er nicht in „Definitionen" eingepresst, sondern erlebt werden möchte. Und die denkerischen Annäherungen an Gott stoßen an ihre oder besser gesagt: an unsere Grenzen. Höchst kompliziert. Darum möchte ich es gerne noch einmal anders versuchen, mit einer spannenden Geschichte.

Vor rund 350 Jahren klopft es an der Tür des Klosters Port Royal bei Versailles. Ein Mitglied des Ritterordens steht davor und verlangt, einen Mönch zu sprechen. Allerdings nicht irgendeinen, sondern Blaise Pascal, den Mann, der die Differential- und die Integralrechnung entdeckt hat – und auch die Wahrscheinlichkeitsrechnung. Vermutlich war Pascal der gebildetste Mensch seiner Zeit.

Der Ritter wird vorgelassen und kommt sofort zur Sache: *„Lieber Blaise Pascal! Wie groß ist die Wahrscheinlichkeit, dass es Gott gibt."* Pascal grinst und antwortet sinngemäß: *„Rein statistisch würde ich sagen: 50 Prozent. Es spricht argumentativ ungefähr gleich viel dafür wie dagegen."* Na toll. Der Besucher ist aus nachvollziehbaren Gründen ziemlich enttäuscht.

„Gut", sagt Pascal, *„nehmen wir dein Anliegen mal ganz ernst. Warum möchtest du das wissen?"* Der Ritter schluckt. *„Nun, in unserem Orden schlagen wir gelegentlich gehörig über die Stränge. Und jedes Mal, wenn ich wieder die Sau rauslassen will, höre ich plötzlich die frommen Sprüche aus meiner Kindheit, bekomme ein schlechtes Gewissen und verliere die Lust an der Lust. Deshalb will ich ein für alle Mal wissen: Gibt es Gott oder nicht? Wenn Nein, dann kann ich befreit sündigen, wenn Ja, dann wäre ich bereit, doch lieber fromm zu werden."*

„In Ordnung", entgegnet Pascal, *„dann sollten wir eine Wette abschließen. Ich wette, dass es Gott gibt – du hältst dagegen. Einverstanden?"* *„Hä"*, sagt der Gast, *„ist das nicht unchristlich?"* *„Och"*, erwidert Pascal, *„wenn es Gott nicht gibt, dann kann dir das doch egal sein."* *„O. k."*, sagt der Ritter, *„und was kann ich gewinnen?"* Da grinst der Mönch und sagt: *„Nun, die Optionen können wir ja vorher mal durchgehen.*

Option 1: Es gibt Gott. Dann habe ich gewonnen. Und zwar doppelt. Denn ich habe die Wette gewonnen, und ich führe ein Leben voller Sinn und Ziel, voller Glück und Hoffnung. Ganz egal, ob du glaubst oder nicht, ich bin der Sieger. Option 2: Es gibt Gott nicht. Dann hast du zwar Recht. Aber verloren hast du trotzdem. Denn dann ist dein Leben sinnlos, du bist durch Zufall auf der Erde und stürzt irgendwann ins Nichts.

Zugleich gilt: Wenn du glauben würdest und wir stellen fest, dass es Gott nicht gibt, dann bist du trotzdem ein Gewinner, weil ein starker Glaube auf jeden Fall etwas unfassbar Wertvolles und Lebensstiftendes ist. Das heißt rein statistisch betrachtet, ist Glauben immer die bessere Entscheidung."

„Langsam", sagt der Ritter, *„das sind doch nur Spitzfindigkeiten, selbst wenn es wünschenswert wäre, dass es Gott gibt, ist das ja noch lange kein Beweis dafür, dass es ihn wirklich gibt." „Stimmt"*, sagt Pascal, *„das war nur die Antwort auf die Frage, was du gewinnen kannst – darum möchte ich ja mit dir wetten."* Der Besucher begreift immer noch nicht. *„Ja, schön, aber was ist denn der Einsatz?"*

„Aha!" ruft der Mönch, *„das könnte die entscheidende Frage sein. Möglicherweise lässt sich das Geheimnis Gottes nämlich gar nicht denkerisch lösen, sondern nur existentiell, also indem ich etwas einsetze. Du hast vorhin gesagt, du wärst bereit, deinen Lebensstil zu ändern, wenn ich dir Gott beweisen könnte. Ich empfehle dir: Mach es andersherum! Investiere dich selbst. Tu einmal so, als ob das mit Gott wahr wäre. Und ich garantiere dir – du wirst merken: Es ist wahr. Du wirst Gott in der Regel nur in dem Maß erleben, in dem du ihm Raum gibst. Wage es mal, dein Leben umzustellen. Lebe, als ob es Gott gibt, und du wirst erfahren: Es gibt ihn. Weil man Gott nicht beweisen, aber erleben kann."*

„Das ist aber ganz schön viel verlangt", entgegnet der Ritter.

„Richtig", sagt Pascal, *„aber wenn du nicht bereit bist, dich mit deiner ganzen Existenz auf Gott einzulassen, dann behaupte bitte nie wieder, du wärst an Beweisen oder an der Wahrscheinlichkeitsrechnung gescheitert. Dann sag ehrlich: Ich hatte nicht den Mut, mein Leben zu verändern. Die Wette ‚Gibt es Gott?' kannst du nämlich nur gewinnen, wenn du bereit bist, dich selbst als Einsatz reinzugeben. Hast du den Mut?"*

Verrückt, oder? Denkerisch ist die Frage nach Gott nicht zu beantworten, aber existentiell. Und das kann jede und jeder nur für sich entscheiden. Oder wie Bertolt Brecht den gleichen Zusammenhang einmal hübsch in eine Anekdote brachte:

> *„Einer fragte Herrn K., ob es einen Gott gäbe. Herr K. sagte: ,Ich rate dir, nachzudenken, ob dein Verhalten je nach der Antwort auf die Frage sich ändern würde. Würde es sich nicht ändern, dann können wir die Frage fallenlassen. Würde es sich ändern, dann kann ich dir wenigstens so weit behilflich sein, dass ich dir sage, du hast schon entschieden: Du brauchst einen Gott.'"*

Was ist der Sinn des Lebens?

Antworten auf die Frage aller Fragen

Der berühmte Neurologe und Psychotherapeut Viktor Frankl war Jude und wurde 1942 von den Nazis festgenommen und inhaftiert. Insgesamt verbrachte er daraufhin drei Jahre in verschiedenen Lagern – gefangen, gedemütigt und entwürdigt. Erst im Getto Theresienstadt, dann im Konzentrationslager Auschwitz und schließlich in Dachau. Das waren unfassbar grausame Zeiten, die das ganze weitere Leben des Gefangenen geprägt haben: die ständige Konfrontation mit dem Tod, die Angst, der Hunger, die Verzweiflung, die Ohnmacht. Aber auch die stete Frage: „Werde ich das hier überstehen?"

Dabei machte Frankl eine unerwartete Erfahrung, eine Entdeckung, von der sein gesamtes späteres Lebenswerk durchdrungen wurde. Der Arzt fasste diese Beobachtung später etwa so zusammen: In den Konzentrationslagern konnte man genau sehen, dass einige Menschen unter den Schrecken zugrunde gingen und andere durchhielten. Einige verzweifelten, andere dagegen gaben nicht auf. Trotz all des Grauens. Und man konnte relativ schnell erkennen, worin der Unterschied zwischen den beiden Gruppen bestand. Kurz gesagt: *Durchgehalten haben all diejenigen, die einen Sinn in ihrem Leben sahen.* Alle, die in ihrem Dasein etwas gefunden hatten, für das es sich zu leben lohnt. Etwas, an das sie trotz der Leichen, trotz der Misshandlungen, trotz der Krankheiten und trotz der Verzweiflung glauben konnten.

Frankl hat nach dem Krieg über seine Zeit im KZ und seine Erfahrungen nicht nur ein Buch mit dem wunderbar ermutigenden Titel „Trotzdem Ja zum Leben sagen!" geschrieben, er hat aufgrund seiner Erlebnisse auch eine eigene Therapieform begründet, die sogenannte „Logo-Therapie" – und das griechische Wort „Logos", von dem dieser Name abgeleitet ist, heißt zu allererst: „Sinn". Frankl ist also quasi der Begründer der „Sinn-Therapie", die ihm unter anderem 29 Ehrendoktortitel einbrachte. Der kluge Überlebenskünstler wollte nämlich wissenschaftlich ergründen, ob man seine ungewöhnlichen Kriegserfahrungen auch auf das alltägliche Leben der Menschen übertragen kann. Und er stellte bald fest: Ja, das kann man. Und nicht nur das: Es lässt sich sogar zeigen, dass die Zufriedenheit eines Menschen letztlich immer davon abhängt, ob er einen Sinn im Leben gefunden hat oder nicht.

Frankl wies dabei nach, dass der Mensch existentiell auf Sinn ausgerichtet ist. Anders ausgedrückt: Es gehört unabdingbar zum Menschsein dazu, dass wir einen Grund finden, warum wir auf der Welt sind. Und jetzt kommt das wichtigste Argument für die Verbindung zu unserem Thema: Jeder ist darauf angelegt, dass er etwas findet, „was nicht er selbst ist" – etwas, das ihm von außen einen Sinn „verleiht". Weil sich der Grund der menschlichen Existenz erst dort ergibt, wo das Individuum über sich selbst hinausdenkt – und über sich selbst hinauswächst. Niemand trägt einen Sinn in sich selbst. Sinn ist etwas, das ich finde oder das mir geschenkt wird, nicht etwas, das ich einfach so machen oder ausrufen kann. Weil ich sonst den Zweifel nie loswerde, dass mein selbsterklärtes Ziel möglicherweise falsch oder einfach zu unbedeutend ist. Außerdem fängt „Sinn" ja ohnehin erst da an, wo ich etwas wirklich Großes finde, für das es sich zu leben lohnt.

Die Kernfrage unseres Daseins lautet deshalb nicht: Wie groß sind die Herausforderungen, mit denen ich zu kämpfen habe? Sondern: Ist der Sinn meines Lebens so groß, so stark, so kostbar, dass ich es mit allen Herausforderungen aufnehmen kann? Ist der „Sinn-Grund", auf dem ich stehe, so fest, dass mich Niederlagen nicht umhauen? Spannend, oder?

Wissenschaftlich ausgedrückt könnte man auch sagen: Das Wissen um eine Lebensaufgabe hat einen „psychotherapeutischen und psychohygienischen" Wert. Denn wer um den Sinn seines Lebens weiß, dem verhilft dieses Wissen (dieses „Bewusst-Sein" seiner selbst) mehr als alles andere dazu, äußere Schwierigkeiten und innere Beschwerden zu überwinden. Man kann auch ganz postmodern sagen: Nur wer in seinem Leben einen Sinn findet, wird glücklich. Was übrigens auch alle aktuellen Studien zum Thema „Glücklich-Sein" bestätigen. Frankl hat deshalb einmal sehr zugespitzt formuliert: *Es ist keine Schande, sein Ziel nicht zu erreichen, aber es ist eine Schande, kein Ziel zu haben!"* Ein Satz, über den man lange nachdenken kann.

Nun, wenn ich ernst nehme, dass ich bei der Sinnfindung über mich hinausdenken soll, dann gilt nach Frankl – wie schon angedeutet: *„Sinn muss gefunden werden, er kann nicht erzeugt werden."* Und das versucht die Logo-Therapie bis heute: Menschen zu helfen, den Sinn ihres Lebens zu finden. Und ich sage mal ein wenig salopp: Eigentlich machen Christinnen und Christen im Gottesdienst jeden Sonntag auch ein bisschen Logo-Therapie. Miteinander. Füreinander. Beieinander. Sie suchen nach dem Sinn des Lebens. Und viele finden ihn bei dem Gott, von dem es heißt: *„Am Anfang war das Wort."* Allerdings steht da im griechischen Urtext die Vokabel „Logos", die wir schon kennen. Man könnte diese Stelle aus dem Johannesevangelium also auch so übersetzen: *„Am Anfang war der Sinn."*

Das deutsche Wort „Sinn" kommt übrigens aus dem Althochdeutschen und ist verwandt mit dem Wort „Sendung". Beides bedeutete ursprünglich „reisen", „unterwegs sein", „gesandt sein". Anders ausgedrückt: Wenn wir vom Sinn des Lebens reden, dann fragen wir eigentlich: „Wozu sind wir auf diese Welt gesandt?" „Mit welcher Ge-*Sinn*-ung leben wir?" Und dann gilt es natürlich vor allem zu klären: „Wer hat uns eigentlich gesandt?" Ich bin sicher: Ein Mensch, der weiß, was er in unserer Welt und für unsere Welt tun kann, hat einen viel weiteren Horizont als jemand, der nur um sich selbst kreist.

Ja, stellen Sie sich doch mal vor, Sie wären ein Gesandter? Auf diese Welt gesandt, um eine Aufgabe zu erfüllen. Welche Aufgabe könnte das wohl sein? Wenn Sie diese Frage beantworten können, dann – mal ein wenig salopp zusammengefasst – haben Sie den Sinn Ihres Lebens gefunden. Wozu sind Sie da? Die Glaubenden aller Zeiten zumindest sind sich einig: Es gibt dafür einen guten Grund. Und Gott kennt ihn.

Allerdings hat etwa der Philosoph Günther Anders da einige Zweifel: *„Warum setzen Sie eigentlich voraus, dass ein Leben, außer da zu sein, auch noch etwas haben müsste oder auch nur könnte – eben das, was Sie Sinn nennen?"* Gute Frage. Oder? Wer sagt uns denn, dass es so etwas wie Sinn überhaupt gibt? Vielleicht hat ja auch Jean-Paul Sartre Recht, der behauptete: *„Leben hat keinen Sinn; außer denjenigen, den ich ihm selbst gebe."* Und dann sind wir schnell bei so markigen Aussagen wie: *„Jeder ist seines Glückes Schmied"* oder *„Du bist selbst verantwortlich für alles, was aus Dir wird".*

Nun, wäre Viktor Frankl mal auf Sartre getroffen, dann hätte er ihm vermutlich etwa Folgendes gesagt: „Lieber Jean-Paul, wenn du dein Leben nicht transzendieren kannst, also, wenn es dir misslingt, dein Dasein mit einem nicht aus dir selbst stammenden Ziel in Zusammenhang zu bringen, dann wirst du einem urmenschlichen

Trieb nicht gerecht. Und dann wirst du in Krisensituationen nichts haben, an dem du dich festhalten kannst." Also, das sind jetzt meine Worte, aber ich finde, das passt.

Mit der Frage, ob es überhaupt so etwas wie den „Sinn eines Lebens" gibt, landen wir übrigens mitten im Zentrum des christlichen Glaubens. Von der Schöpfungsgeschichte ganz am Anfang bis zu den Paulusbriefen im Neuen Testament durchzieht die Bibel nämlich eine verheißungsvolle Aussage: „Du, Mensch, hast dein Leben nicht von dir selbst, sondern von Gott. Du bist und du wirst mit Leben beschenkt. Und zwar nicht aus Zufall, sondern mit einem himmlischen Ziel." Wenn Sie diese zentrale Botschaft des Christentums verstehen, oder noch besser: Wenn Sie dieser Zusage vertrauen können, dann sind Sie schon ganz schön weit.

Die biblischen Autoren jedenfalls nutzen alle Bilder, die ihnen einfallen, um dieses Beschenkt-Sein immer und immer wieder auszudrücken: Der Mensch ist *„Gottes Ebenbild"*, ihm wurde von Gott der *„Lebensodem"* eingehaucht, der *„Geist Gottes"* – oder wie es an anderer Stelle heißt „Näfäsch", die Seele. Und diese Seele wird dem Menschen nicht aus Jux und Tollerei zugedacht, sondern weil in ihr ein göttlicher Auftrag liegt. Weil „Geschaffen-Werden" und „Gesandt-Sein" bei Gott das Gleiche sind: Der Mensch ist „zu etwas geschaffen". Darum hat Dietrich Bonhoeffer mal sehr schön gesagt: *„Der unbiblische Begriff des ‚Sinnes' ist nur eine Übersetzung dessen, was die Bibel ‚Verheißung' nennt."* Anders ausgedrückt: Auf dem Leben jedes Menschen liegt nach christlichem Verständnis eine Verheißung. Eine himmlische Verheißung Gottes. Quasi eine spirituelle Sinnstiftung. Denn: Wenn Ihnen etwas verheißen ist, dann haben Sie auch einen Sinn. Und schon das halte ich für einen äußerst wohltuenden Gedanken: Sie und ich, wir sind zu etwas berufen!

Mit diesem Versprechen ist zudem ein ganzer Reigen von Zusagen verbunden: Wenn Gott Sie und mich geschaffen hat, bewusst geschaffen hat, dann heißt das ja: Wir sind gewollt! Wir sind geliebt! Wir sind geachtet! Wir sind getragen! Wir sind gesandt! Und ... jetzt kommt der Clou: All das gilt ... grundsätzlich – völlig unabhängig davon, ob und wie unser Leben nach menschlichen Maßstäben gelingt oder vielleicht auch nicht gelingt. Dass Gott uns haben will – wie Christinnen und Christen glauben – ist in sich schon ein Grund, zu sein und sein zu wollen. Ist an sich schon ein Grund „Trotzdem Ja zum Leben [zu] sagen!“, wie Frankl es in seinem Buch so schön formuliert. Selbst wenn ich bisweilen den Eindruck habe, dass mich die ganze Welt nicht will: Einen gibt es auf jeden Fall, der mich will. Gott!

Sprich: Ein Mensch mit einem starken Glauben trägt in sich auf ganz natürliche Weise ein „Ja zum Leben“. Und das ist unfassbar wertvoll. Die Mystiker des Mittelalters haben für diese Einstellung sogar ein eigenes Wort erfunden, nämlich „Gelassenheit“. Wer weiß, dass er grundsätzlich angenommen und gewollt ist, der kann mit den Herausforderungen des Lebens spürbar gelassener umgehen. Der kann es „lassen“, andauernd um Anerkennung zu kämpfen. Weil jemand, der ständig bemüht ist, sein Selbstwertgefühl zu steigern, damit ja vor allem eines signalisiert: dass er nämlich keines hat. Wer dagegen weiß, dass er in den Augen Gottes unendlich wertvoll ist, der kann entspannt sein Dasein gestalten.

Wir werden uns demnächst auch mit der Frage beschäftigen, was unter diesen Voraussetzungen eigentlich mit dem Begriff „Sünde“ gemeint ist. Nun, eine erste Antwort lautet: „Dem von Gott geschenkten Sein nicht gerecht werden, das ist Sünde.“ Es geht also bei der Sünde weniger um bestimmte Verhaltensweisen („Du darfst dies nicht und du sollst jenes“), sondern darum, ob wir das herrliche Geschenk Gottes auch nutzen. Oder wie Jesus es ausdrückte: *„Du sollst dein Licht nicht unter einen Scheffel (also einen Messbecher)* *stellen.*" Es ist in uns von Gott angelegt, dass wir „Licht der Welt" sein können, und wer sein Licht nicht nutzt, oder sich nur fragt, was ihn selbst erleuchtet, der wird seinen Möglichkeiten nicht gerecht.

Dabei gilt: Wie Sie ganz persönlich „Licht der Welt" sein können, das müssen Sie selbst herausfinden. Die Bibel sagt Ihnen nur zu, dass Sie von Gott die Möglichkeiten und die Fähigkeiten mitbekommen haben, die Welt heller, strahlender und erfüllter sein zu lassen. Doch ob Sie das durch klangvolle Musik, kluge Vorträge, Nachbarschaftshilfe, Ermutigung der Kollegen, Stärkung Ihrer Familie, Zivilcourage, Demos gegen Unrecht, Aufbau einer Schule in Papua-Neuguinea oder besonders nettes Lächeln am Bankschalter machen, das liegt in Ihrer Hand. Menschen sind so unterschiedlich, dass jede und jeder auf ganz eigene Weise zur „Verschönerung" der Welt beitragen kann.

Entscheidend ist dabei letztlich die Frage nach dem Warum. Kann ich sagen, *warum* ich etwas tue? Wenn ja, dann bekommt alles, was ich mache, einen weiten Horizont. Berufen zu sein, heißt deshalb nicht unbedingt, dass ich fortan etwas *völlig anderes* machen muss, es kann auch bedeuten, das Gleiche wie vorher *völlig anders* zu machen. Mit dem bewegenden Wissen, dass es meine Bestimmung ist, auf diese Weise die Welt zu verändern.

Sehr schön wird diese erweiterte Perspektive des Handelns in der bekannten Anekdote von den drei Maurern anschaulich, die nebeneinanderstehend Steine klopfen und jeweils gefragt werden, was sie da denn gerade tun. „Ich klopfe Steine", erwidert der Erste mürrisch, „das sehen Sie doch." Der Zweite hebt nur kurz den Kopf und grummelt: „Ich verdiene meinen Lebensunterhalt." Der Dritte aber strahlt und sagt: „Ich? Ich baue eine Kathedrale." Alle drei machen das Gleiche. Aber nur der Dritte hat in dem, was er tut, einen Sinn entdeckt, der über ihn hinausweist und sein Leben reich macht. In diesem Sinne sollten wir alle Kathedralenbauer werden.

Aber auch in der Bibel gibt es eine berühmte Sinn-Findungsge-schichte. Sie erzählt von der Begegnung Jesu mit einem reichen Jüngling. Und in ihr wird viel von dem deutlich, was es bedeutet, nach Sinn zu fragen. Schauen wir uns das mal an:

> *Und siehe, einer trat zu ihm und fragte: Meister, was soll ich Gutes tun, damit ich das ewige Leben habe? Er aber sprach zu ihm: Was fragst du mich nach dem, was gut ist? Gut ist nur Einer. Willst du aber zum Leben eingehen, so halte die Gebote.*
>
> *Da fragte er ihn: Welche? Jesus aber sprach: „Du sollst nicht töten; du sollst nicht ehebrechen; du sollst nicht stehlen; du sollst nicht falsch Zeugnis geben; ehre Vater und Mutter" (2. Mose 20,12–16); und: „Du sollst deinen Nächsten lieben wie dich selbst" (3. Mose 19,18).*
>
> *Da sprach der Jüngling zu ihm: Das habe ich alles gehalten; was fehlt mir noch? Jesus antwortete ihm: Willst du vollkommen sein, so geh hin, verkaufe, was du hast, und gib's den Armen, so wirst du einen Schatz im Himmel haben; und komm und folge mir nach! Als der Jüngling das Wort hörte, ging er betrübt davon; denn er hatte viele Güter.*
>
> *Jesus aber sprach zu seinen Jüngern: Wahrlich, ich sage euch: Ein Reicher wird schwer ins Himmelreich kommen.*

Als Erstes fragt dieser junge Mann: *„Was kann ich tun, um das ewige Leben zu bekommen?"* Dazu muss man wissen, dass es im Judentum keine klare Jenseitsvorstellung gab. Der Frager redet hier also nicht zuerst von seiner Sehnsucht nach dem Paradies, sondern eigentlich von erfülltem Leben auf der Erde. Letztlich fragt er Jesus: „Was macht mein Leben wesentlich?" Oder modern ausgedrückt: „Was ist der Sinn meines Lebens?"

Verblüffenderweise fährt Jesus diesen Jüngling direkt an: *„Was nennst du mich gut? Nur Gott ist gut!"* Das klingt hart, ist aber wichtig. Der Jüngling hatte gefragt: *„Guter Meister, was soll ich tun?"* Nur: Einen

Sinn bekommt man eben nicht einfach durch ein bestimmtes Handeln. Der Jüngling denkt tatsächlich, er müsse irgendwelche guten Taten vollbringen, um Sinn zu finden. Es geht bei der Sinnfindung aber immer um das, was mein Tun motiviert, den Grund für mein Handeln, also um eine grundsätzliche Einstellung zum Dasein. Und darum verweist Jesus direkt auf Gott. Denn seine Antwort bedeutet übersetzt: „Sinn bekommt man nur bei Gott, nicht indem man dies oder jenes tut." Darum hat auch nicht jeder, der Gutes tut, schon den Sinn seines Lebens gefunden.

Man kann sagen: Der Jüngling agiert ein bisschen wie bei einem Arztbesuch. Er hofft, ihm wird vom „Onkel Doktor" ein Medikament verschrieben, das sein Leiden kuriert. Doch der Arzt sagt klar: „Es geht bei dir nicht um ein Medikament. Du musst dein Leben ändern." Eine Reaktion, die wir, ehrlich gesagt, beim Arzt auch nicht so gerne hören. Aber wer den „Sinn seines Lebens" finden möchte, der sollte bereit sein, einen völligen Perspektivwechsel zu wagen.

Nun beantwortet Jesus die Frage des Jünglings erst einmal auf einer sehr sachlichen Ebene, nämlich mit dem, was jeder gute Jude gelernt hatte: *„Halte dich an die Zehn Gebote und du bist auf dem richtigen Weg."* Nur dass der Jüngling selbst sofort merkt, dass eine Vorschrift sein Problem nicht löst. Das Halten der Gebote kann höchstens ein Ausdruck des Sinns sein, den ein Mensch gefunden hat, aber nicht der Sinn selbst. Was, nebenbei gesagt, von entscheidender Bedeutung ist: Kein Mensch sollte die Gebote um ihrer selbst willen halten, das wäre völliger Quatsch. Die Gebote hat nur der wirklich verstanden, der sie befolgt, weil er sie für richtig und sinnvoll hält.

Es geht also weiterhin um die Frage, *warum* ich etwas tue. Und weil der reiche Jüngling diese Diskrepanz spürt, sagt er ganz frustriert: *„Meister, das alles habe ich von Jugend an gehalten."* Bringt aber nichts. Wie gesagt. Und offensichtlich kam der Wunsch des Besuchers nach einer tragfähigen Sinnstiftung so von Herzen, dass – wie es im

Text heißt – *„Jesus ihn lieb gewann"*. Ihn rührt diese tiefe Sehnsucht offensichtlich.

Also empfiehlt er: *„Geh hin und verkaufe alles, was du hast."* Das Problem des Jünglings ist nämlich nicht, dass er keinen Sinn hätte. Sondern dass es etwas gibt, was ihm wichtiger ist als der Sinn, etwas, das seiner Entfaltung im Weg steht – in diesem Fall der Reichtum. Man könnte also auch sagen: Er ist nicht frei, das wahre Leben zu ergreifen. Seine egozentrischen Ziele – „Mein Haus, mein Auto, meine Frau" – sind quasi der „Scheffel", die Abdeckung, die dafür sorgt, dass sein Licht nicht scheinen kann, der Messbecher, den er selbst über seine Möglichkeiten gestellt hat. Oder wie ein kluger Mensch es mal ausdrückte: *„Du kannst nur dann frei einatmen, wenn du vorher ausgeatmet hast."* Dieser Jüngling müsste seine selbstsüchtigen Werte „ausatmen", damit in ihm Raum für den Sinn seines Lebens ist. Er muss den Scheffel runternehmen, damit sein Licht anfangen kann zu leuchten.

Und was heißt das nun? Jesus drückt es so aus: *„Folge mir nach und sammle Schätze im Himmel"*. Noch mal: Das ist nichts anderes als das, was auch Viktor Frankl gesagt hat: Der Mensch braucht ein Ziel außerhalb seiner selbst. Ein Ziel, das größer ist als die kleinen Schätze, die wir auf Erden sammeln. Ein glücklicher Mensch ist in der Lage, das Leben zu transzendieren, es in größere Zusammenhänge einzubetten, sich für etwas hinzugeben.

Für Jesus ist das nichts anderes als die von Gott gegebene Verheißung: *„Du sollst ein Segen sein!"* Wer für andere und die Welt zum Segen wird, der sammelt, bildlich gesprochen, Schätze im Himmel. Wer Sinn sucht, der kann deshalb auch einfach fragen, wie er für diese Welt am besten zum Segen wird.

Und weil es hier um die Freiheit von der Ich-Orientierung geht, darf man diese Geschichte auch nicht vorschnell als Appell gegen Besitz oder Reichtum verstehen. So, wie jeder Mensch für sich herausfinden muss, was sein Weg ist, „Licht der Welt zu sein", so muss auch jeder für sich klären, was sein persönlicher „Scheffel" ist, der ihn daran hindert zu leuchten. Und weil schon die Jünger nach dieser Begegnung mit dem reichen Jüngling entsetzt aufschreien: *„Wer soll das denn schaffen",* fügt Jesus gleich hinzu, dass ein derartiges Befreiungserlebnis natürlich ganz viel Unterstützung durch Gottes Kraft braucht. Zum Glück gilt dabei: *„Gott ist nichts unmöglich."*

Die klassische Antwort auf die Frage „Wozu sind wir auf Erden?", lautet bei Martin Luther in dessen „Glaubenslehre" (die damals Katechismus genannt wurde): *„Wir sind auf Erden, um Gott zu erkennen, ihn zu lieben, ihm zu dienen und einst ewig bei ihm zu leben."* Wer Gott dient – und das ist ja nichts anderes als eine alte Umschreibung für: sein Leben einsetzen und sich hingeben – der wird ihn finden, den Sinn. Garantiert!

Was will Gott uns sagen?

Eine zutiefst menschliche Botschaft

Es gibt in der Bibel eine wirklich „Gute Nachricht" (was auf Griechisch übersetzt übrigens „Evangelium" heißt), die sich wie ein dicker roter Faden von der Schöpfungsgeschichte bis zur Offenbarung durchzieht. Dieses einzigartige „Evangelium" lautet kurz und knackig: Gott will mit den Menschen, seinen eigens dafür kreierten Geschöpfen, in Kontakt kommen. Er möchte gerne mit einem Gegenüber reden.

Ja, Gott wünscht sich nichts mehr, als mit uns zu kommunizieren. Allerdings wird allen, die an diesem Sprechakt beteiligt sind, schon sehr bald (und im Lauf der Geschichte immer mehr) deutlich: Die Kommunikation zwischen „Himmel und Erde" ist gar nicht so einfach, wie man denkt. Ja, sie ist sogar höchst kompliziert. Offen gesagt: Sie ist beinah unmöglich. Zumindest geht sie allzu oft schief.

Kein Wunder: Wenn sich das Wesen Gottes – wie wir ja schon gesehen haben – letztlich der menschlichen Erkenntnis und Wahrnehmung entzieht, dann haben, was das Verstehen angeht, beide Seiten ein massives Problem: Gott und die Menschen. Ja, der eine kann sich nur schwer verständlich machen, die anderen kapieren einfach nicht, was er will. Der eine möchte etwas höchst Bedeutsames ausdrücken – und die anderen verstehen nur Bahnhof. Eine ziemlich vertrackte Situation. Wenn man miteinander reden möchte, und es irgendwie nicht hinbekommt. Oft klappt das ja nicht mal in Ehen. Wieviel komplizierter ist das dann erst in Bezug auf den „Schöpfer allen Lebens"?

Nun ist es nicht so, dass Gott nicht im Lauf der Zeit einiges versucht hätte, um sich und seine Ideale ins Gespräch zu bringen. Er hat zum Beispiel in seiner Schöpfung klare Spuren seiner Göttlichkeit hinterlassen – und mancher, der an einem Südseestrand einen herrlichen Sonnenuntergang betrachtet, kann ja auch wieder an Gott glauben. Und sei es nur für diesen Moment. Der Apostel Paulus sagt deshalb sogar: *„Gottes unsichtbares Wesen, seine ewige Kraft und seine Göttlichkeit, kann jeder aus den Werken der Schöpfung ersehen, wenn er nur richtig hinschaut. Deswegen behaupte niemand, er habe von Gott nichts erfahren."* (Römerbrief 1,20)

Aber wir wissen inzwischen, dass die Schönheit der Welt bei all ihrer Faszination für die meisten Suchenden als Beleg der Existenz Gottes doch zu wenig ist. Wer schon an Gott glaubt, der entdeckt überall auf der Erde „Zeichen des Himmels", wer voller Zweifel ist, den werden auch die steilsten Klippen, die herrlichsten Blumen und die romantischsten Auen nur schwer davon überzeugen, dass so etwas wie ein „höheres Wesen" existiert.

Darum hat Gott im Lauf der Jahrhunderte noch einiges draufgelegt: Er hat zum Beispiel Menschen regelmäßig Visionen und Träume geschickt, er hat einmal sogar eine Sintflut losgelassen und im Zorn die Städte Sodom und Gomorrha mit Feuer zerstört, er hat dem Volk Israel mit den Zehn Geboten seine Vorstellungen einer funktionierenden Gemeinschaft klar strukturiert vermittelt, er ist den Israeliten in Gestalt einer Feuer- und einer Wolkensäule jahrelang in der Wüste vorangegangen – und er hat immer wieder Prophetinnen und Propheten gesandt, um den Kontakt zu den Menschen zu vertiefen. Prophetische Menschen waren nämlich weise Frauen und Männer, die vor allem eines machten: Sie redeten in Gottes Namen und waren quasi das irdische Sprachrohr des Himmels. Was sie auch leidenschaftlich verkündeten.

Das Problem war und ist: Trotz all der flammenden Reden und prophetischen Zeichenhandlungen gab es schon damals weiterhin überall misstrauische Menschen, die selbst den überzeugendsten Propheten nicht glauben wollten, die dem Feuersäulen-Navi nicht vertrauten oder die schlichtweg fanden, die Zehn Gebote hätten doch eine ziemlich moralinsaure Ausstrahlung. Auch das göttliche Konzept „Ich lasse Menschen für mich sprechen" hat ganz offensichtlich seine Grenzen. Schade!

Was für ein überirdisches Dilemma! Gott möchte sich den Menschen verständlich machen, aber seine Göttlichkeit übersteigt die menschlichen Erkenntnis-Möglichkeiten derart, dass es andauernd zu Missverständnissen und Kommunikationsabbrüchen kommt. Und selbst die wenigen erfolgreichen Versuche Gottes, über externe Vermittlungsansätze mit „seinen Leuten" in Verbindung zu treten, haben nur kurzzeitigen Erfolg, weil bei diesen Um-die-Ecke-Kontaktaufnahmen bei den Beteiligten ganz oft der Zweifel blieb: „War das jetzt wirklich Gott, der mit mir geredet hat, oder nur ein schöner Traum?" Heute würde man sagen: „War das wirklich eine Botschaft des Himmels oder nur Autosuggestion? Man bildet sich ja vieles ein."

Das Erstaunliche dabei ist: Sogar Menschen, die nach einer persönlichen Gotteserfahrung von Gottes Existenz völlig überzeugt sind, fangen meist schon nach kurzer Zeit an, ihre eigenen Erlebnisse wieder in Frage zu stellen. Zumindest verfliegt der Rausch des göttlichen Augenblicks häufig so schnell, dass die Unsicherheiten bald wieder die Oberhand haben. Natürlich passiert das vor allem in Momenten, in denen sich neue kleinere oder größere Lebenskrisen auftun. Salopp gesagt: Gotteserfahrungen haben auch heute eine kurze Halbwertszeit. Was man bei der Beschäftigung mit diesem Thema immer im Hinterkopf behalten sollte.

Glauben ist nämlich kein andauerndes Hochgefühl. Obwohl sich das viele wünschen. So ein Allzeit-fröhlich-Bad-der-Emotionen hat Gott aber nie versprochen. Deshalb muss man klar sagen: Glauben ist vor allem eine befreiende Lebensperspektive, die sich an Gott ausrichtet, eine tragfähige Beziehung, das Einlassen auf Gottes Sicht der Dinge. Dabei wird es immer wieder passieren, dass Menschen ergreifende Momente der Gottesnähe erfahren. Doch diese emotionalen Erlebnisse sind nicht das Eigentliche, sondern nur das „Sahnehäubchen". Aber zurück zu unserem Thema.

Wie also kann sich der „Herr der Heerscharen", der in einer höheren Dimension „wohnt", so ausdrücken, dass die Menschen ihn wahrnehmen und wirklich verstehen? Geht das überhaupt? „Ja", sagt Gott irgendwann, „das geht. Aber anscheinend nur auf einem einzigen Weg. Ob ihr es glaubt oder nicht: Wirklich begreifen, was ich ihnen mitteilen will, das können die Menschen nur … wenn ich selbst ein Mensch werde! Wenn ich mit ihnen auf Augenhöhe spreche. Wenn ich ihnen von Angesicht zu Angesicht begegne. Wenn ich mich ganz auf ihre Möglichkeiten einlasse."

Gott wird Mensch, das *„Wort ward Fleisch"*, der Himmel berührt die Erde, der Schöpfer unterwirft sich den irdischen Grenzen, um dadurch alle Grenzen zu überwinden, und zeigt sich in Gestalt seines Sohnes Jesus Christus der Welt – weil das die einzige Möglichkeit ist, sich den Menschen so zu präsentieren, dass sie ihn verstehen.

Bis heute ist die Vorstellung, dass ein Gott freiwillig Mensch wird, um seinen Geschöpfen nah sein zu können, für viele Religionen ziemlich absurd. Zeichnet sich der oder das Göttliche nicht gerade dadurch aus, dass es nicht wie die Menschen ist? Antwort: Ja und Nein. Gott ist natürlich der „ganz Andere", aber wenn ihm genau das Kummer bereitet, weil es seine tiefste Sehnsucht ist, eine Beziehung zu den Menschen zu pflegen, und er von sich aus den Schritt in die Welt gehen möchte, dann passt trotzdem alles zusammen. Wer außer Gott könnte sich das Recht herausnehmen, seine Göttlichkeit für einige Zeit zu begrenzen?

Insofern passiert religionsgeschichtlich im Christentum wahrhaft etwas Neues: Zwar haben auch die griechischen und die römischen Gottheiten bisweilen menschliche Gestalt angenommen (meist, um ein besonders ansehnliches Erdenweib zu umgarnen), aber der biblische Gott verkleidet sich nicht nur vorübergehend, er geht einen existentiellen Schritt, den der Philipperbrief etwa so beschreibt: *„Er hielt nicht daran fest, Gott zu sein, sondern legte das Göttliche ab und wurde zu einem Knecht. Er wurde wie ein Mensch und war in jeder Hinsicht ein Mensch. Er erniedrigte sich selbst und nahm sogar den Tod auf sich."* Der Unsterbliche wird sterblich, damit die Sterblichen sein Wesen endlich erkennen. Der Überirdische passt sich dem Irdischen an, um alle Kommunikationsbarrieren abzubauen. Aus Liebe gibt Gott seine unfassbare Macht ab. Das ist bis heute wahrhaft unfassbar.

Seit 2000 Jahren versuchen Menschen zu beschreiben, wer dieser Jesus Christus wirklich war und wie man seine unglaubliche Persönlichkeit beschreiben kann. Dabei haben die Vordenker gerade in der Moderne – je nach eigenem Hintergrund – so manche erstaunliche Erklärung zustande gebracht. Für Karl Jaspers etwa gehört *„Jesus mit Sokrates, Buddha und Konfuzius zu den maßgebenden Menschen"*. Für einige Philosophen war er ein *„Genie des liebenden Verstehens"*, für Ernst Bloch *„ein Sozialreformer"*, für den Psychologen Carl Gustav Jung ein *„Vorbild des integralen Menschen"* und für den kritischen Schriftsteller Kurt Tucholsky der *„große Revolutionär"*. Bis heute sehen die einen in Jesus einen antiken Frauenversteher, einen Tierfreund oder das Vorbild für den perfekten Mann, die nächsten den Öko-Vorreiter und Wunderheiler und wieder andere einen genialen Manager.

Das ist auch alles gar nicht falsch. Nur trifft keine dieser Umschreibungen das Wesentliche. Für die Bibel ist Jesus vor allem eines: Gott
selbst – der Mensch gewordene Gott. Gottes einzigartige Public-
Relations-Aktion, um seinen geliebten Geschöpfen persönlich und in
einer für sie unmissverständlichen Form vor Augen zu führen, was
er ihnen eigentlich mitteilen will. Würde man Jesus heute bitten, für
sich selbst und seine Aufgabe ein zeitgemäßes Bild zu benutzen, dann
würde er vielleicht antworten: *„Ich bin der Download Gottes. Der Ava-
tar des Herrn. Ein USB-Anschluss des Himmels. In mir kommt Gott zu
euch. Erfahrbar, lebendig, menschlich."*

Das klingt jetzt sicher etwas flapsig, aber es trifft den Kern: Jesus
ist der „verstehbare Gott". Oder wie Martin Luther es ausdrückte: *„In
der Person Jesu Christi begegnet die Person des Vaters."* Deshalb gilt bis
heute: Wer etwas vom Wesen Gottes nachvollziehen will, dem gelingt
dies am Eindrücklichsten, wenn er Jesus anschaut. Denn Jesus ist
das Göttliche in einer für uns vertrauten Wesensform. Die substan-
tielle Übersetzung des Göttlichen ins Menschliche. Ein Dolmetscher
für „göttlich-menschlich".

Und während fast alle Religionen der Welt auf der Dynamik aufbauen, dass der Mensch sich durch Wohlverhalten, Opfergaben oder
andere Praktiken quasi dem Göttlichen würdig erweisen muss, macht
der Vater Jesu es nach all den missglückten Erfahrungen der Jahr-
tausende ganz anders: Er erwartet nicht mehr, dass der Mensch sich
zu ihm erhebt (weil das nach christlicher Vorstellung gar nicht möglich ist: kein menschliches Wesen kann sich durch irgendein Tun
der Göttlichkeit Gottes auch nur einen Millimeter annähern), sondern Gott erniedrigt sich. Er macht sich auf den Weg, er verlässt
seine übermenschliche Seins-Ebene und passt sich seinem Gegenüber an.

Eigentlich zeigt sich gerade darin Gottes ganze Herrlichkeit: dass
er die Größe hat, sich klein zu machen. Ein fundamentaler Gedanke,

der dann natürlich auch die Lehre Jesu durchzieht: *„Wer unter euch groß sein will, der diene"*, wird der Sohn Gottes nicht müde zu betonen. Das „Auf-den-anderen-Zugehen-auch-wenn-ich-mich-dabei-hinunterbeugen-muss" ist Gottes vorbildliche Vorgehensweise.

Aus diesem Grund betont der Evangelist Lukas übrigens in der Weihnachtsgeschichte so ausdrücklich, dass Jesus gerade nicht wie ein himmlischer, gefeierter Herrscher in einem prunkvollen Palast zur Welt kommt, sondern wie ein ganz normaler Mensch in einem schmutzigen Stall. Jeder Verdacht, Jesus könne nicht ganz menschlich sein, soll von Anfang an vermieden werden. Dieser göttliche Mann ist wahrhaft ein Mensch wie Du und ich.

Selbsverständlich hat die verständliche Frage, wie das denn nun genau vor sich gegangen ist, dass Gott zu einem Menschen wurde (Jesus also gleichzeitig Gott und Mensch war), die Christenheit noch viele Jahrhunderte beschäftigt und leider immer wieder auch gespalten. Vor allem die Vorstellung, Gott selbst könnte am Kreuz gestorben sein, ging dann für viele doch einen Schritt zu weit. Kann ein Gott überhaupt sterben? Und wie soll man sich das, bitteschön, konkret vorstellen, dass sich in einer Person Göttliches und Menschliches vereint oder vermischt oder sonstwas? Wie soll das denn gehen?

Im Zuge der anhaltenden Streitigkeiten entstand auch die Vorstellung, dass – wenn Gott mit der irdischen Frau Maria ein Kind gezeugt hat – diese Frau ebenfalls heilig sein muss. Und weil das einzigartige Verhältnis von Gott und Jesus so schwer zu beschreiben ist, reden wir bis heute von „Vater" und „Sohn", obwohl das ja nur bedingt zutrifft, wenn Gott in Jesus selbst Mensch wird. Eigentlich ist die Vorstellung von „Vater" und „Sohn" hier auch eher als ein menschlicher Versuch zu begreifen, den Neugierigen das spektakuläre Auftauchen Gottes verständlich zu machen. Und bis heute hilft uns das Bild ja. Deshalb schadet es auch nichts, dabei zu bleiben.

Der Vollständigkeit halber sei hier noch erwähnt, dass Jesus zwar mehrfach Sätze gebraucht wie *„Der Vater und ich sind eins"*, dass er sich selbst aber am liebsten als „Menschensohn" bezeichnet hat – genauer gesagt, sogar als „Sohn des Menschen". Sprich: Jesus hat auf sein Mensch-Sein großen Wert gelegt, und trotzdem wussten alle Juden, dass einige Propheten im Alten Testament den Titel „Menschensohn" sehr bewusst benutzen. Ja, diese Boten Gottes sprechen nämlich ausführlich davon, dass Gott eines Tages einen himmlischen Retter schicken wird, der wie ein Mensch aussehen und dabei zugleich ein Richter und ein Erneuerer der Welt sein wird.

Mit diesen Hoffnungen verband das Volk Israel schon lange den Gedanken, dass Gott eines Tages den sogenannten Messias auf die Welt sendet, den „Gesalbten Gottes", der auf der Erde eine neue Zeit beginnt. Die griechische Übersetzung des Wortes „Messias" kennen wir übrigens inzwischen alle: Sie lautet „Christus". Jesus Christus heißt also: Jesus, der Gesalbte. Gottes Entscheidung, in menschlicher Gestalt ins Weltgeschehen einzutreten, wird nicht „aus heiterem Himmel" gefällt (obwohl: vielleicht gerade daraus), sondern ist von Gott selbst schon lange vorher angekündigt worden. Und das bedeutet: Auch wenn Jesus sich „Sohn des Menschen" nennt, schwingt darin zugleich eine transzendente Komponente mit.

Zusammengefasst heißt das: Wer wissen möchte, was Gott den Menschen eigentlich sagen will, der schaut sich am besten an, was Jesus den Menschen sagt und wie er ihnen die Werte seines „Vaters" vorlebt. Natürlich kann ich Ihnen hier nicht in fünf Sätzen alles erläutern, was Jesus wichtig war, aber wenn man seine Botschaft bündeln möchte, dann kann man sagen: Bei Jesus dreht sich letztlich alles um die Liebe. Ja, Jesus fordert die Menschen auf, so von Liebe erfüllt zu sein, dass sie *„Gott, sich selbst und ihre Nächsten aus ganzem Herzen und mit all ihrer Kraft lieben können"*.

Das ist das berühmte „Doppelgebot der Liebe", das eigentlich „Dreifachgebot" heißen müsste, weil wir Menschen ja eingeladen werden, dreifach zu lieben: Gott, unsere Nächsten und uns selbst. Die Liebe Gottes ist dabei so umfassend, dass man die Ebenen nicht voneinander trennen kann. Gott aus ganzem Herzen lieben, das kann nur jemand, der auch sich selbst und andere liebt. Seinen Mitmenschen innig zugetan sein, kann nur jemand, der auch Gott und sich selbst liebt. Und sich selbst liebt man dann am besten, wenn diese Liebe die Weite Gottes und den Horizont des Miteinanders zum Ausdruck bringt. Das heißt: Jedes Mal, wenn ein Mensch die drei Facetten der Liebe auseinanderreißt, geht etwas schief. Doch wer sie miteinander verbindet, der ist im wahrsten Sinne des Wortes „erfüllt", der kann sagen: „Ich habe ein erfülltes Leben."

Das Beglückende daran ist: Jeder Mensch, der verstanden hat, dass er von Gott unendlich geliebt wird – und zwar trotz aller Macken und Kanten – der fängt auch an, diese Liebe weiterzugeben. So wie Jesus es getan hat. Was es bedeutet, ein Leben in Liebe zu führen, hat Jesus ja auf exemplarische Weise vorgelebt: Er heilt Menschen, er kümmerte sich um Ausgestoßene, er vollbringt Wunder und er versucht, den Menschen mit Gleichnissen und Weisheitsworten die Schönheit einer Welt vor Augen zu führen, in der die Liebe Gottes alles durchdringt. Diese von Liebe erneuerte Welt nennt Jesus übrigens gerne das „Reich Gottes". Und er macht deutlich, dass die Liebe ein Fundament ist, das hilft, auch den stärksten Stürmen des Lebens standzuhalten. Ja, mehr noch: Dass eine solche leidenschaftliche Liebe sogar stärker ist als der Tod.

War der spektakuläre Ansatz Gottes, mit den Menschen in menschlicher Gestalt zu kommunizieren, erfolgreich? Nun, wenn man das Ganze allein vom Ergebnis her betrachtet, dann muss man sagen: Nein. Schließlich gibt es immer noch genügend Zweifler, die diese

„Sache mit Gott" trotz Jesus weiterhin höchst fragwürdig finden und das Gefühl haben, dass sie vieles, was Gott angeht, nicht logisch ergründen können. Was aber gar nicht überrascht.

Gott wollte sich seinen Geschöpfen zwar verständlich machen, es ging ihm aber nicht darum, den Menschen die Freiheit zum Glauben zu nehmen oder sie nun angesichts der gezeigten Tatsachen zu etwas zu zwingen. Nein, nach wie vor soll jede und jeder freiwillig entscheiden können, ob sie oder er die Liebe Gottes erwidern will oder nicht. Deshalb ist jede Offenbarung Gottes im Grunde eine Einladung zum Lieben. Sie macht das Angebot: „Wage es zu vertrauen!" Und weil man Vertrauen nicht erzwingen, sondern nur erbitten kann, ist in Gottes Angebot immer der Freiraum für eine eigene Entscheidung enthalten.

Zugleich gilt aber nun das, was Paulus anfangs über die Schöpfung gesagt hat, in gesteigerter Form: In Jesus Christus hat sich Gott wahrhaftig so deutlich und nachvollziehbar ausgedrückt, dass jetzt tatsächlich niemand mehr sagen kann, Gott sei halt nicht verstehbar. Doch! Das ist er! Jedem, der das bezweifelt, kann man nur sagen: „Schau dir Jesus an – und du erfährst alles, was du über die Ideale, die Ziele und das Wesen Gottes wissen musst." Jesus Christus ist bis heute die vollkommene Grundlage, um eine mündige Glaubensentscheidung fällen zu können, Jesus ist die Botschaft, die Gott uns gesandt hat. Auf ihn sollen wir reagieren.

Ach ja: Auch wenn Christinnen und Christen nach wie vor daran glauben, dass Jesus Christus in jedem Gottesdienst, im Abendmahl und überall da, *„wo zwei oder drei Leute in seinem Namen versammelt sind"* erfahrbar gegenwärtig ist, gilt, dass das Neue Testament die entscheidende Quelle für unser Wissen über Jesus und damit über Gott ist und bleibt – das Buch, in dem Menschen bewegt erzählen, wie sie diesen „heruntergekommenen" Gott erlebt haben. Sprich: Wer andauernd „noch mehr Klarheit" fordert, hat sich vermutlich noch nicht ausführlich genug mit Jesus auseinandergesetzt.

Für Martin Luther war deshalb auch klar, was bei der Lektüre der gesamten Bibel das Wichtigste ist: Dass sie uns Jesus Christus nahe bringt. Mit diesem Kriterium hat er dann übrigens gleich die Qualität der biblischen Texte beurteilt. Das heißt: Jede Bibelstelle wurde von Luther danach beurteilt, ob sie *„Christum treibet"*, also: ob sie die Botschaft Jesu und seine Wirklichkeit verstehbar macht und voranbringt. Dieses Kennzeichen stand für den Reformator im Mittelpunkt seiner Bibelauslegung.

Denn, das muss hier auch kurz erwähnt werden: Natürlich sind nicht alle Texte der Bibel gleichrangig. So wie den biblischen Autoren insgesamt die Vorstellung fremd war, es ginge in ihren Worten direkt um göttlich inspirierte Formulierungen. Die Botschaft Gottes ist Jesus selbst. Er, der menschgewordene Gott ist zugleich das Wort Gottes, er ist die Botschaft … – nicht irgendwelche Schriften. Die Bibel erzählt von dieser Botschaft, aber sie darf nicht einfach mit ihr gleichgesetzt werden. Natürlich spricht Gott durch die Bibel zu den Menschen – auch und gerade, weil die Lehren Jesu so stark sind, dass sie bis heute Menschen bewegen und begeistern, aber weiterhin kommt es zuallererst darauf an, mit Hilfe der Bibel Gott selbst zu begegnen. Insofern liebe ich den schönen Satz eines amerikanischen Theologen, der einmal sagte: *„Ich nehme die Bibel nicht wörtlich, ich nehme sie ernst."*

Dass Jesus eine fleischgewordene Botschaft Gottes ist, hat der Evangelist Johannes sicherlich am Eindrücklichsten formuliert. Zu Beginn seines Evangeliums macht er bildhaft deutlich, wie sehr Jesus das „Wort" ist (also die existentielle Botschaft und der Widerschein Gottes – oben habe ich schon erwähnt, dass sich der schillernde griechische Begriff „Logos" auch mit „Sinn" übersetzen lässt) – und zwar von Anbeginn der Zeit über seinen Aufenthalt auf der Erde bis in alle Ewigkeit. Ich gebe den Text hier etwas verkürzt wieder:

„Am Anfang war das Wort,
und das Wort war bei Gott,
und Gott war das Wort.
In ihm war das Leben,
und das Leben war das Licht der Menschen.
Und das Wort wurde Fleisch
und wohnte unter uns,
und wir sahen seine Herrlichkeit,
die Herrlichkeit des Gottessohns,
voller Gnade und Wahrheit.
Niemand hat Gott je gesehen,
aber der Menschensohn,
der Gott ist und vom Vater kommt,
der hat ihn uns verkündigt."

Wozu braucht es die Kirche?

Gemeinsam sind wir stark

Wenn ich als Theologe in meiner Gemeinde Menschen besuche, dann gibt es bestimmte Sätze, die ich immer wieder höre. Der Satz, der mir dabei am häufigsten entgegenhallt (während mir jemand das dritte gigantische Stück Käsesahnetorte auf den Teller schaufelt), lautet: „Wissen Sie, Herr Pfarrer, ich bin kein großer Kirchgänger." Dann folgt ein kurzes Grinsen und der Nachsatz: „Aber glauben kann man ja auch ohne Kirche."

Stimmt das? Nun, irgendwie schon. Sonst würden wir ja heute nicht ehrfürchtig auf die Eremiten vieler Jahrhunderte schauen, die sich bewusst zurückzogen, um ganz für Gott leben zu können. Aber Vorsicht! Natürlich haben sich gerade solche Eremiten als Teil der heiligen Kirche Jesu Christi empfunden. Insofern hätten sie auf keinen Fall gewagt, sich von der Kirche an sich zu distanzieren. Und sie hätten ihren Rückzug auch nicht als Entschuldigung genommen, dass sie keine Gottesdienste besuchen.

Die Frage, ob man auch ohne Kirche glauben kann, bleibt also erst einmal offen. Wobei wir auch nicht vergessen dürfen, dass Martin Luther regelmäßig betonte, dass Gläubige keine Vermittlungsinstanz bräuchten, um ihr Heil zu finden. Also, was nun: Kirche – Ja oder Nein?

Tja, damit sind wir schon mitten im Thema. Und wir merken gleich: Wir müssen vermutlich erst mal klären, was wir eigentlich meinen, wenn wir von „Kirche" reden. Dann, wenn wir das Wort „Kirche" benutzen, können wir dabei schließlich ganz Unterschiedliches vor Augen haben. Also: Meinen wir das Kirchengebäude? Meinen wir die Institution? Eine bestimmte Konfession? Oder unsere Kirchengemeinde vor Ort, die – nach dem Kirchenvater Irenäus – auf jeden Fall „ganz Kirche" ist? Geht es um Kirchenmitgliedschaft? Um Gottesdienstbesuch? Um die Kerngemeinde? Oder um die Gemeinschaft der Glaubenden, von der die Kirche spricht? Und wer bestimmt eigentlich, wer oder was Kirche ist? Und wovon reden diejenigen, die im 21. Jahrhundert so gerne betonen: „Glauben ja, Kirche nein"?

Bevor wir uns diesen Fragen intensiver widmen, müssen wir uns bewusst machen, dass einige der Unklarheiten bezüglich der Definition von „Kirche" die Menschen schon seit Anbeginn der Christenheit beschäftigen. Andere sind erst im Lauf der Zeit dazugekommen – auch durch die historischen Entwicklungen. Schauen wir mal ein paar dieser Unklarheiten an, um die ganze Bandbreite der Diskussion noch präziser vor Augen zu haben. Oder starten wir anders ausgedrückt erst einmal so etwas wie eine Problem-Analyse:

1. Wie kann man von Kirche reden, wenn es doch offensichtlich viele Kirchen gibt?

Wer sich die Kirchenlandschaft anschaut, der entdeckt sofort eine Vielzahl unterschiedlicher Konfessionen und Gruppen. Und dieser Aufteilungsprozess fing schon früh an: 1054 spaltet sich die Ostkirche von der römisch-katholischen Kirche ab. Im 16. Jahrhundert sorgt die Reformation gleich für mehrere weitere „Kirchen" (Lutheraner, Calvinisten, Zwinglianer und viele mehr), und heute gibt es weltweit zudem Tausende von ganz unterschiedlichen Freikirchen. Welche von denen ist denn nun die Richtige? Und: Gibt es die überhaupt? Einerseits behaupten ganz viele dieser Konfessionen ganz selbstbewusst, just sie wären die „wahre Kirche". Andererseits steht im Glaubensbekenntnis von Nicäa, das bis heute als Grundbekenntnis fast aller protestantischen Kirchen gilt: Ich glaube an *„die eine, heilige, allumfassende und apostolische Kirche"*. Es muss sie also geben, die eine. Nur welche ist es? Ich sag mal so: Wenn eine Konfession erklärt, sie sei die Kirche, dann hat das ja die Konsequenz, dass die anderen eben nicht „Kirche im eigentlichen Sinn" sind. Als die katholische Kirche dies vor einigen Jahren über den Protestantismus sagte, haben sich dessen Anhänger jedenfalls ordentlich aufgeregt. Tatsache ist: Die Zerrissenheit des Christentums, die übrigens schon in den ersten Jahrzehnten der Urgemeinde anfing, macht es bis heute schwer, den Begriff „Kirche" zu fassen.

2. Woran kann man Kirche festmachen, wenn ganz unterschiedliche Formen existieren?

Das mag jetzt ein wenig oberflächlich klingen, aber für viele Leute ist „Kirche" vor allem der Ausdruck für eine bestimmte Gottesdiensttradition, eine überlieferte Liturgie oder eine spezielle Form von Musik. Das wird immer dort deutlich, wo die geprägten Traditionen in Frage gestellt werden oder Menschen einfach mal eine völlige andere Art des Gottesdienstes erleben. Besonders auffällig wurde das, als in Deutschland in den neunziger Jahren immer mehr Gemeinden anfingen, mit alternativen Gottesdienstformen zu experimentieren. Da gab es nämlich bei vielen Traditionalisten einen Aufschrei. Und ganz schnell zeigte sich, wie viele Menschen Kirche an Gestaltungsformen festmachen. Da hieß es plötzlich: „Also, wenn ihr kein Vaterunser sprecht, dann ist das gar nicht Kirche." Oder: „... wenn der Pfarrer keinen Talar anhat, wenn keine klassische Liturgie gefeiert wird, wenn das Abendmahl fehlt, wenn die Kirchenbänke gegen bequeme

Stühle ausgetauscht werden, wenn die Orgel plötzlich Reggae spielt oder wenn das Glaubensbekenntnis nicht gesprochen wird ..." Da kann man noch so oft erwähnen, dass Gottesdienste in Hawaii, Sankt Petersburg und Oberklingelheim schon immer völlig unterschiedlich waren: „Kirche" ist und bleibt für manche Leute an ein bestimmtes Erscheinungsbild gebunden.

3. Wie sehr hängt Kirche davon ab, ob die Mitglieder überzeugte Christen sind?

Sowohl die Verwirrung durch die vielen Konfessionen, als auch die Fixierung auf bestimmte Formen verwischen den „Kirchenbegriff". Noch herausfordernder ist aber der Versuch, „Kirche" über ihre Mitglieder zu bestimmen. Denn dann stellt sich sofort die Frage: „Wer gehört denn eigentlich dazu?" Viele theologische Diskussionen haben sich in den letzten Jahrzehnten daran aufgehängt, dass man eine Gemeinschaft, die in vielen Regionen des Westens inzwischen überwiegend aus „Kartei-Leichen" besteht, wohl kaum eine „Kirche" nennen kann. Sind denn die sogenannten „U-Boot-Christen", die immer nur an Weihnachten mal im Gottesdienst auftauchen, um sich ein paar wohlige Gefühle abzuholen, Teil der Kirche, Ja oder Nein? Und während die einen sagen: „Durch die Taufe gehört jede und jeder dazu", erwidern die anderen: „Ein paar Tropfen Wasser auf dem Kopf eines Säuglings machen noch keinen Christen. ‚Kirche' ist eine Frage der inneren Überzeugung." Oder wie es mal ein Autor frech formulierte: „Nur weil jemand in einer Garage geboren wurde, ist er noch lange kein Auto!" Kurz gesagt: Wer bestimmt eigentlich, ob eine Frau oder ein Mann zur Kirche gehören? Gibt es gar so etwas wie eine „innere Kirche" (die Gemeinschaft der wahrhaft Glaubenden) und eine „äußere" Kirche (die Institution)? Eine „sichtbare" und eine „unsichtbare" Kirche? Sie sehen: Das ist alles nicht so einfach.

4. Wie bestimmen wir Kirche,
   wenn sich der gesellschaftliche Kontext wandelt?

Zu den genannten Herausforderungen kommt, dass wir nicht nur in der Gegenwart, sondern auch in der Vergangenheit mit ganz unterschiedlichen Erscheinungsformen von Kirche zu tun hatten. Ja, wir dürfen nicht vergessen, dass die Rolle der Kirche sich im Lauf von 2000 Jahren massiv gewandelt hat. Um das nur mal anzudeuten: 300 Jahre lang gab es eine Untergrundkirche, die verfolgt wurde und ganz stark von einer gemeinsamen Hoffnung geprägt war, dann herrschte viele Jahrhunderte lang in Europa fast eine Theokratie, das heißt, dass die geistlichen Führer zugleich die Politik mitbestimmten – und zum Beispiel festlegten, dass riesige Heere zu Kreuzzügen aufbrachen. In dieser Zeit galt die Kirche als alleiniger Verwalter der Wahrheit und bestimmte dementsprechend das Leben aller Menschen. Dann kam es vermehrt zu Konflikten zwischen den geistlichen und den weltlichen Herrschern, und schließlich sorgte die Aufklärung ab dem 18. Jahrhundert dafür, dass die Kirchen heute fast nur noch für das Geistliche da sind. Und Sie können sicher sein, dass eine kleine Mönchsgemeinschaft im 4. Jahrhundert ein völlig anderes Bild von Kirche hatte als ein Papst, der zugleich Heerführer und Regent war, oder eine Flower-Power-Gemeinde in den 70er Jahren in San Francisco. Was also ist Kirche?

Diese Fragen sind bis heute von großer Bedeutung, weil der Kirchenlehrer Cyprian von Karthago schon im 3. Jahrhundert den berühmten Satz sagte: *„Extra ecclesiam salus non est."* (Außerhalb der Kirche gibt es kein Heil.) Wenn das stimmt, dann scheint es doch äußerst ratsam mal zu klären, was Kirche wirklich ist. Finde ich. Und ich nehme an, dass Sie auch nichts gegen das Heil haben. Also: Geht es, wenn wir von Kirche reden, um eine Lehranstalt, eine Kultstätte, einen Kuschelclub der Erretteten, einen Geheimbund der Besseren, eine Heilsvermittlerin, einen Dienstleistungsbetrieb für religiösen Service, einen Weltrettungsverband, eine Gruppe Gleichgesinnter oder um das Volk Gottes?

Nun, vielleicht finden wir ja Antworten, wenn wir mal neugierig in die Bibel schauen. Da ist Kirche nämlich zuerst einmal eine Gemeinschaft. Wenn Jesus seinen Jünger Simon zu sich ruft, ihm den sprechenden Namen „Petrus" (Fels) gibt und ihm dann sagt: *„Auf diesen Felsen will ich meine Kirche bauen",* dann meint er ganz eindeutig, dass Petrus der Anführer der Gemeinschaft der Glaubenden werden soll.

Und woran macht sich diese Gemeinschaft fest? Auch das sagt Jesus: *„Wo zwei oder drei in meinem Namen versammelt sind, da bin ich mitten unter ihnen."* Kirche ist also nach jesuanischem Verständnis zuallererst eine Bezeichnung für diejenigen, die sich in seinem Namen versammeln, was nichts anderes heißt, als dass sie eine Beziehung zu ihm – und damit auch zu Gott – haben. Ja, selbst wenn es nur zwei Leute sind, die miteinander beten, dann ist das für Jesus schon Kirche. Nicht schlecht, oder?

Darum bezeichnete sich die junge Christenheit auch lange mit dem griechischen Wort „Ekklesia", also „Versammlung der Herausgerufenen". Ja, mehr noch. Sie nannten sich fast immer „Ekklesia tou theou", „Versammlung der von Gott Gerufenen". Kirche sind diejenigen, die sich von Gott berufen fühlen, die sicher sind, dass Gott sie einlädt, sein Reich zu bauen. Dieses Verständnis spiegelt sich übrigens auch in unserem Wort „Kirche" wider – weil es von dem griechischen Wort „kyriakon" kommt: „dem Herrn zugehörig". Zur Kirche gehören demnach alle, die sich „dem Herrn zugehörig" wissen.

Daraus ergibt sich: Kirche versammelt sich nicht einfach selbst. Sie kann auch nicht von einem Kirchenoberhaupt einberufen oder ernannt werden. Nein, sie wird direkt von Gott versammelt. Deshalb definiert sie sich auch einzig und allein über Gott, bzw. über seinen Sohn Jesus Christus. Anders gesagt: Was „Kirche" ist, das folgt keiner horizontalen, irdischen Bestimmung, die Menschen selbst festlegen könnten, sie wird ausschließlich vertikal über Gott definiert. Darum redet das Neue Testament auch gerne von der „Gemeinschaft der Heiligen", weil Menschen, die der Geist Gottes zusammenbringt, nach biblischem Verständnis Heilige sind. Gottes Kinder, die in seiner Heiligkeit geborgen sind. Und das Haupt dieser Gemeinschaft ist Jesus Christus und kein anderer.

Die drei wesentlichen Kennzeichen von Kirche lauten also: 1. Gott ruft sie zusammen.   2. Christus ist das Haupt der Kirche.   3. Es geht um eine Versammlung. Es geht um geistliche Gemeinschaft. Um ein im Glauben und in der Berufung Verbunden-Sein. Und diese Verbundenheit war für die frühen Christinnen und Christen so existentiell, so selbstverständlich, dass ihnen die Vorstellung, ein Mensch könne solipsistisch, individuell ganz für sich allein glauben wollen, völlig absurd erschienen wäre. Unvorstellbar.

Für die Urgemeinde war klar: Glaube braucht die geschwisterliche Gemeinschaft, das Miteinander, das Voneinander-Lernen. Glaube führt in die Gemeinschaft. In ein Zusammensein, in dem alle miteinander das Reich Gottes exemplarisch ausprobieren. Deshalb darf man den Satz „Glauben ja, Kirche nein!" getrost als einen sanften Irrtum bezeichnen. Ein Mensch, der glaubt, weiß sich automatisch auch in die Gemeinschaft der Glaubenden hineingerufen. Das heißt nicht, dass jede und jeder einer bestimmten Konfession angehören oder regelmäßig zum Gottesdienst gehen muss, doch sollte sie oder er eine Gruppe finden, in der die „Versammlung der Gerufenen" miteinander ihre gemeinsame Hoffnung zelebriert. Weil eben mindestens zwei oder drei versammelt sein sollen. Nicht nur, um Kirche zu sein, sondern weil Jesus diesem Miteinander seine Gegenwart zugesagt hat.

Und wissen Sie, wann die Eremiten aufkamen? Ganz einfach, das war Anfang des 4. Jahrhunderts, als immer mehr Menschen aus politischen Gründen Christen wurden. Nach der Ernennung des Christentums zur Staatsreligion bekam man nämlich nur noch dann einen guten Job, wenn man Kirchenmitglied war. Das führte natürlich zu einer spürbaren Abschwächung der geistlichen Motivation innerhalb der Kirche. Eben noch waren nur diejenigen Christen, die bereit waren, gegebenenfalls für ihren Glauben zu sterben – jetzt wurde die Kirche zu einer „Mode-Erscheinung". Die Eremiten zogen sich also nicht aus der Gesellschaft zurück, weil sie Kirche nicht mochten, sondern weil sie hofften, in der Abgeschiedenheit endlich wieder richtig Kirche sein zu können. Die öffentliche Staatskirche war ihnen zu lasch. Sprich: Sie wollten weniger Institution und wieder mehr echte „Gemeinschaft der Heiligen".

In der Confessio Augustana, einer wichtigen protestantischen Leitschrift aus dem 16. Jahrhundert, heißt es: Kirche ist *„die Versammlung aller Gläubigen, bei welchen das Evangelium rein gepredigt und die heiligen Sakramente laut dem Evangelium gereicht werden."* Sprich: Auch hier wird Kirche am Miteinander (Versammlung), am Gerufensein (Gläubige) und an der Begegnung mit Jesus Christus (im Wort und im Abendmahl) festgemacht. Und die „Barmer Theologische Erklärung", die in einigen Teilen der evangelischen Kirche ebenfalls zu den offiziellen Bekenntnisschriften zählt, definiert Kirche so: *„Die christliche Kirche ist die Gemeinde von Brüdern, in der Jesus Christus in Wort und Sakrament durch den Heiligen Geist als der Herr gegenwärtig handelt."*

Immer geht es bei diesen Umschreibungen um das Zusammensein im Namen Gottes – weil Glaube eben eine Berufung in die Gemeinschaft bedeutet. Das heißt keinesfalls, dass irgendjemand einen Menschen verurteilen darf, der täglich treu und inniglich in seiner Kammer ein Nachtgebet spricht ... und ansonsten mit anderen Glaubenden nichts zu tun haben will. Trotzdem gilt – und das sei hier noch einmal betont –, dass einsames Für-sich-Bleiben den Vorstellungen der frühen Christinnen und Christen diametral entgegensteht, weil für sie Glauben und Glaubensgemeinschaft untrennbar waren. Glaube heißt nie „Solist sein", sondern immer „im Orchester Gottes spielen".

Was die εκκλησία Gottes, also die „Versammlung der von Gottes Geist Berufenen" auszeichnet, veranschaulicht eine Anekdote aus dem Leben Jesu, die auf den ersten Blick ziemlich sperrig ist. Sie steht im Matthäusevangelium (12,46-50) und erzählt, dass eines Tages die Familie Jesu herbeigestürmt kommt und ihm ausrichten lässt, dass sie mit ihm reden will. Jesus entgegnet dem Boten (nebenbei: nicht der Familie direkt) ziemlich harsch: *„Wer ist meine Mutter und wer sind meine Brüder?"* Und dann hebt er die Hand über seine Anhängerschar und sagt: *„Siehe, das ist meine Mutter und das sind meine Brüder! Denn wer den Willen meines Vaters im Himmel tut, der ist mir Bruder und Schwester und Mutter."*

Das ist keine Antifamiliengeschichte, wie es auf den ersten Blick scheint, auch wenn sie für viele ein Affront gewesen sein muss. Denn schauen wir uns die Situation mal etwas genauer an: *„Als er noch zu dem Volk redete, siehe, da standen seine Mutter und seine Brüder draußen und wollten mit ihm reden."* Punkt 1: Jesus hält gerade einen Vortrag oder eine Predigt, als die Verwandten auftauchen und sofort eine Unterredung fordern. Sie stören also massiv – und scheinen das auch bewusst in Kauf zu nehmen. Punkt 2: Im Markusevangelium wird erwähnt, dass die Familie Jesu eine Zeitlang überzeugt war, Jesus wäre völlig durchgeknallt, so dass sie ihn sicherheitshalber nach Hause holen wollte. Sprich: Das energische Auftauchen der Familie ist nicht nur eine unhöfliche Unterbrechung einer Rede, sondern auch das derbe Signal: *„Wir glauben das alles nicht, was du da erzählst. Wir glauben nicht an dich und deine Botschaft von Gott."*

Und Jesus zeigt in seinen Worten, was „Herausgerufen-Werden"
wirklich bedeutet, nämlich sich von Gott aus allen anderen Bindungen herausrufen zu lassen. Sogar aus der Familie, wenn die unsere
spirituelle Freiheit einschränken möchte. „Herausgerufen-Werden"
heißt: Von nichts mehr abhängig zu sein als von Gott. *„Wer den Willen meines Vaters tut, der ist für mich wie eine Familie."* Jesus gründet
Kirche in dieser Geschichte als Bekenntnisgemeinschaft, deren geistliche Bande stärker sein soll als alle anderen Bande, sogar stärker als
Blutsbande. Und wer sich ein wenig mit der Bedeutung von Familie im
Orient der Antike auskennt, der ahnt, was für ein Paradigmenwechsel das war. Das Wichtigste, das ein Mensch damals haben konnte,
nämlich die genetische Familie, wird eingetauscht gegen etwas, was
Jesus für noch viel wichtiger hält: die Familie der Gleichgesinnten,
der sich Gott zugehörig Fühlenden, derer, die Gottes Willen tun – und
dadurch miteinander Kirche werden.

Wie gesagt, ich bin trotzdem überzeugt, dass Jesus hier nicht
grundsätzlich seine Verwandten brüskieren will; es geht ihm darum,
anhand einer der stärksten Bindungen, die man damals kannte, deutlich zu machen, was es bedeutet, Glaubensgemeinschaft zu sein.
Und wir wissen aus den Evangelien, dass diese scheinbar verletzende
Zurückweisung nicht das Ende der Geschichte war. Sowohl Jesu
Mutter als auch einige seiner Brüder waren später in Jerusalem bei
der Kreuzigung und der Auferstehung mit dabei und gehörten ganz
offensichtlich zu seinen Anhängern. Die garstige Anekdote führte
also nicht zu einem Bruch in der Familie, sondern eher dazu, dass die
Angehörigen Jesu erkannten, welche verbindende Kraft eine gemeinsame Ausrichtung auf Gott sein kann.

Zusammengefasst heißt das: Wenn wir uns von Gott in die Gemeinschaft der Heiligen gerufen wissen und dabei auf Jesu Gegenwart vertrauen, dann sind wir Kirche.

Ist „Sünde"
nicht überholt?

*Was uns trennt und
was uns vereint*

Kein Begriff ist in der Geschichte des Christentums so oft missverstanden und missbraucht worden wie das Wort „Sünde". Ja, man muss ehrlich und reuevoll eingestehen: Millionen von Menschen haben wegen dieses kleinen, zweisilbigen Wortes ihr ganzes Leben in Angst und Schrecken verbracht. Getrieben von der lähmenden Furcht „Ich komme in die Hölle – weil ich so sündig bin." Was für eine grauenhafte Vorstellung.

Die Heilige Teresa von Avila, die als erste Frau zur Kirchenlehrerin ernannt und deren 500. Geburtstag 2015 gefeiert wurde, erzählt in ihren Memoiren: *„Der Gang ins Kloster erschien mir als Hölle auf Erden. Aber ich entschied: Lieber ein Leben in der Hölle und die Ewigkeit im Himmel – als ein himmlisches Leben und die Ewigkeit in der Hölle."* Also verbrachte sie Jahrzehnte an einem Ort, den sie eigentlich schrecklich fand und der sie richtiggehend krank machte, denn sie musste sich, wie sie selbst schreibt, fast zwanzig Jahre lang jeden Morgen übergeben. So schlecht ging es ihr, weil sie ständig Angst hatte.

Können Sie sich das vorstellen? Dass jemand bereit ist, sein ganzes Leben auf eine ungeliebte, ja verhasste Weise zu verbringen, nur weil er so voller Furcht ist, ein Sünder zu sein? Nur weil er hofft, dass eine bestimmte Form der Kasteiung oder der Selbstaufopferung dazu beitragen könnte, seine vermeintliche Schlechtigkeit auszugleichen?

Nun, Martin Luther war auch so einer. Einer, der ins Kloster ging, weil er im wahrsten Sinne des Wortes „zitternd vor Angst" glaubte, er fiele sonst wegen seines sündhaften Daseins in absehbarer Zeit in die Hände des Teufels. Und damit war er nicht allein. Weder zu seiner Zeit, noch in der Kirchengeschichte insgesamt. Die Angst vor der eigenen Fehlbarkeit, die möglicherweise dereinst bestraft wird, vergällte den Menschen jede Freude am Leben. Immer schwebte über dem Dasein das Damoklesschwert: „Darf ich das jetzt oder mache ich mich damit schuldig und belaste mein Sündenkonto noch mehr?" Dass Leute, die so denken, nicht befreit und entspannt leben, liegt auf der Hand.

Dazu kommt: Der Begriff „Sünde" wurde in vielen Epochen von den Herrschenden systematisch benutzt, um Menschen zu manipulieren, sie klein zu halten und zu kontrollieren. Schrecklich. „Wenn du dich nicht verhältst, wie wir es wollen, dann ist das Sünde, dann ist das böse – und dann kommst du in die Hölle." Klar: Wer an der Macht war, der definierte einfach, was Sünde ist, und hatte so ein perfides Druckmittel in der Hand, um seinen Untertanen Angst einzujagen. Und es gibt noch heute genug Menschen, denen gesagt wurde, es sei eine schreckliche „Sünde", in die Disko, die Kneipe oder ins Kino zu gehen – und wer am Sonntag den Gottesdienst schwänze, der rücke auf der „Höllenwarteliste" gleich mehrere Plätze nach vorne.

Kein Wunder, dass wir inzwischen in der Kirche von „Sünde" am liebsten gar nicht mehr reden möchten. Damit ist einfach 2000 Jahre lang zu viel Schindluder getrieben worden. Ja, ein Glaube, der eine Atmosphäre der Angst hervorruft und Menschen nicht frei macht, sondern mit Angst und Schrecken erfüllt, hat mit dem Gott der Liebe, von dem Jesus predigt, so wenig zu tun, dass man dabei wahrhaftig von einer Irrlehre sprechen kann. Die Botschaft des Weihnachtsengels lautete: *„Fürchtet euch nicht!"* Und wenn daraus durch Fehlinterpretationen im Lauf der Zeit ein „Fürchtet euch!" wurde, dann kann man nur sagen: Dieses verfälschte Verständnis von Sünde ist tatsächlich überholt. Und zwar völlig.

Erstaunlicherweise hat sich aber der Begriff „Sünde" in unserer Alltagsprache trotzdem gehalten. Wir sagen lässig „Ich sündige", wenn wir ein übergroßes Stück Sahnetorte oder die fünfte Trüffelpraline verschlingen, wir reden fröhlich von einer „Verkehrssünderdatei", wir kokettieren mit dem Satz *„Kleine Sünden bestraft der liebe Gott sofort"* – und mancher berichtet nach drei Glas Bier leutselig von seinen vielfältigen „Jugendsünden". Irgendwie berührt uns dieses Wort „Sünde", auch wenn wir gar nicht so genau wissen, was damit gemeint ist. Halt irgendwas mit „Falsch-gemacht!" Ein bisschen verrucht klingt es auch. Man macht was Verbotenes, Geheimnisvolles, Mysteriöses.

Aber auch im christlichen Gottesdienst bleibt die Sünde hartnäckig präsent. Wir beten im Vaterunser *„Vergib uns unsere Schuld"*, was ja ein Verweis auf die Sündhaftigkeit des Menschen ist, im Apostolischen Glaubensbekenntnis erklären wir, dass wir an die *„Vergebung der Sünden"* glauben, in der Taufe wird ein Mensch angeblich von seiner Sünde reingewaschen, und in der klassischen Abendmahlsliturgie wird uns jedes Mal die Vergebung unserer Sünden zugesprochen. Das alles scheint mir Grund genug zu sein, dem, was in der Bibel mit „Sünde" gemeint ist, doch mal etwas genauer auf den Grund zu gehen. Vielleicht ist da ja doch noch etwas Aktuelles dran.

Was ist Sünde? Um das zu ergründen, müssen wir in unserem Wortverständnis erst einmal die „Reset-Taste" drücken. Denn die meisten Leute verstehen unter „Sündigen" eben ausschließlich ein verkehrtes Handeln, also: ein unschönes Tun, ein garstiges Treiben. Doch was wäre, wenn das gar nicht gemeint wäre? Ist es nämlich nicht. Zumindest hat das griechische Wort „Hamartia", das später mit Sünde übersetzt wurde, genauso wie sein hebräisches Pendant eigentlich eine ganz andere Bedeutung. Es heißt nämlich: „Verfehlen des Ziels".

Die Sünde des Menschen ist demnach nicht, dass er etwas falsch *macht*, sondern dass etwas an ihm falsch *ist*, weil er das Ziel seines Lebens verfehlt. Und ich bin sicher, dass Sie den grundlegenden Unterschied zwischen diesen beiden Verständnissen sofort erkennen. Sprich: Auch wenn die meisten Menschen Sünde allein aus einer moralischen oder ethischen Perspektive betrachten und dann das Verhalten anderer beurteilen, geht es um etwas ganz anderes. Darum, dass jemand Gefahr läuft, sein Ziel zu verfehlen und dem Leben nicht gerecht zu werden.

Natürlich haben diese beiden Perspektiven miteinander zu tun. Das will ich gar nicht verhehlen. In der Theologie unterscheidet man deshalb zwischen „Peccatum originale" (der Grundsünde) und „Peccatum actuale" (dem Ausdruck der Sünde). Die Grundsünde führt dazu, dass wir uns fehlerhaft benehmen. Gemeint ist: Weil etwas an uns falsch *ist*, darum *handeln* wir auch falsch. Weil wir das Ziel unseres Lebens verfehlen, fügen wir uns und anderen immer wieder Schmerzen zu. Die eigentliche Sünde ist aber nicht das Tun, sondern das Sein. Sprich: Der Mensch begeht keine Sünden, er lebt Sünde. Wissenschaftlich würde man sagen: Dahinter verbirgt sich ein „ontisches" Problem, weil „Sünde" unser Sein und nicht unser Wirken betrifft. Das ist wie der Unterschied zwischen einem Krankheitserreger und den Symptomen der Krankheit. Die „Sünde" wäre demnach der „Auslöser" der Symptome, nämlich des lieblosen Handelns. Und wie bei einer ernsten Krankheit sollte man sich natürlich vor allem mit den Ursachen und nicht nur oberflächlich mit den Symptomen auseinandersetzen.

Der Theologe Paul Tillich hat den existentiellen Begriff „Sünde" einmal sehr anschaulich erklärt – obwohl es jetzt doch ein wenig philosophisch wird. Tillich sagt nämlich: Der Mensch ist das einzige

Lebewesen, das nach Sein und Nicht-Sein fragt. Dabei entdeckt er schon bald, dass es etwas gibt, das ihn *„unbedingt angeht"*, etwas, das auf jeden Fall nötig ist, um erfüllt zu leben. Und dieses unabdingliche „Etwas" ist für Tillich Gott, weil Gott nun mal mit dem wahren Sein gleichgesetzt werden kann. Allerdings sind die Menschen von diesem göttlichen Sein entfremdet, weil sie sich immer wieder davon trennen.

Das heißt: Wir sehnen uns nach „Essenz" (also: nach wahrem Sein), haben aber nur Existenz. Nebenbei: Das Wort „Existenz" kommt von „ex-sistere", also von „aus sich heraustreten", „nicht mehr bei sich sein". Wer „existiert", der ist aus dem Wesentlichen herausgetreten. Die Kernfrage Tillichs lautet nun: Mensch, willst du nur existieren, oder willst du wirklich sein? Willst du ganz mit dir und Gott (dem Sein) ins Reine kommen – oder willst du (bildlich gesprochen) „neben dir stehen". Dieses *Getrenntsein von Gott und sich selbst*, das ist mit dem biblischen Begriff „Sünde" gemeint. Das Wort beschreibt in diesem Zusammenhang also nichts anderes als die Abspaltung des Menschen vom Grund seines Seins. Und nur weil jemand von Gott, der uns das Sein schenken möchte, getrennt ist, trennt er sich in seinem Alltag durch seine Taten auch von sich selbst und von seinen Mitmenschen. Puh, ich gebe zu: Das war jetzt harte Kost. Aber bisweilen lohnt es sich doch, solchen Erklärungen mal nachzuforschen.

In der Bibel finden wir dieses Verständnis von „Sünde" übrigens von der ersten bis zur letzten Seite – wobei die Autoren immer auch fragen, was man denn tun kann, damit ein Mensch sich auf Gott, den Urgrund des Seins, ausrichtet und sich nicht auf etwas anderes verlässt. Und wenn Martin Luther sagt *„Woran du dein Herz hängst und worauf du dich verlässt, das ist dein Gott"*, dann umschreibt er damit zugleich den zentralen Gedanken Jesu aus der Bergpredigt, dass ein Mensch *„nicht zwei Herren dienen kann"*.

Denn darin sind sich alle einig: Jeder Mensch hat einen „Gott", etwas, das sein Leben bestimmt. Entweder den Schöpfer des Himmels und der Erde oder eben etwas ganz anderes; was weiß ich: seinen Kontoauszug, seine Karriere, seine Familie, sein Ansehen, seinen Verein, seinen Besitz, seine Macht oder einfach nur sich selbst. Irgendetwas muss uns ja motivieren zu leben. Deshalb hängt jeder sein Herz an irgendetwas. Und die Bibel lädt uns ein, sorgfältig zu prüfen, ob das, was wir gewählt haben, wirklich durch ein ganzes Leben trägt. Und wenn wir uns entscheiden, unser Herz nicht an den Gott zu hängen, der mit uns in Beziehung treten möchte, dann sind wir nach biblischem Verständnis „Sünder" – was erst einmal nur eine Feststellung und eben kein vernichtendes Urteil sein darstellt.

Nebenbei: Auch wenn die Bibel von „böse" spricht, ist damit keine moralische Kategorie nach unserem heutigen Verständnis gemeint, sondern dass unser Sein „dem Leben nicht dienlich ist". Gut ist, was dem Leben dient, böse ist, was dem Leben schadet. Und letztlich sind wir damit auch wieder bei Paul Tillich: „Was dem Leben dient" ist nämlich nichts anderes als eine Umschreibung von Essenz.

Die Kernstelle für das Verständnis dieses Sündenbegriffs, für die Trennung des Menschen von der Essenz, ist deshalb die bekannte Geschichte vom „Sündenfall" – wobei weder das Wort „Sünde" noch das Wort „Sündenfall" im Text überhaupt vorkommen. Vielleicht sollte man lieber sagen: Die Paradies-Geschichte erzählt, „wie der Mensch sein Ziel verfehlt". Es lohnt sich daher, Adam und Eva noch mal zu besuchen. Also, wie war das noch?

Im Paradies leben Gott und Mensch nach der Schöpfung in einer ungebrochenen Einheit. Doch weil diese Einheit kein Zwang sein soll, lässt Gott ein Hintertürchen offen. Verständlicherweise: Nur wer eine Wahl hat, kann sich für oder gegen etwas entscheiden. Das heißt: Der

Mensch bekommt die Freiheit, die Essenz zu verlassen und aus dem Sein in die Existenz hinauszutreten.

Das alles wird umschrieben mit einem markanten Bild: Gott bittet Adam und Eva, nach seinem Wort zu leben. Sie dürfen alles, nur eines nicht: Eine bestimmte Frucht essen. Übrigens hätte Gott auch etwas ganz anderes wählen können. Was weiß ich: „Ihr sollt keine Chrysanthemen pflücken." Oder „Streichelt die Einhörner nicht." Oder „Legt euch nicht unter einen blühenden Wacholderbusch." Weil auch hierbei gilt: Die Tat ist nur Ausdruck einer inneren Haltung. Adam und Eva sollen zeigen, dass sie Gottes Autorität anerkennen, dass sie ganz mit ihm verbunden bleiben wollen. Und genau das tun sie nicht. Sie wenden sich gegen Gott, geleitet von einem einzigen Wunsch, den ihnen die Schlange als Symbol äußerer Verführung nahebringt, nämlich: *„Ihr könnt selbst sein wie Gott!"*

Adam und Eva haben die Wahl: Ist Gott Gott oder sind sie selbst Gott? Eine ganz simple Entscheidung, bei der allerdings gilt: Wenn man sich selber für Gott hält, dann braucht man den Schöpfer nicht mehr. In dem Augenblick, in dem die beiden in die Frucht beißen (von einem Apfel steht in der Bibel nämlich gar nichts), fällen sie stellvertretend für die gesamte Menschheit eine Entscheidung, die Bestand hat. Der Mensch ist von Gott getrennt. Er lebt fortan in der Sünde, in der Trennung. Noch mal: Obstessen an sich ist keineswegs eine Sünde, von Gott getrennt sein, das ist Sünde. Nicht in einem moralischen, sondern in einem substantiellen Sinn.

Die „Geschichte, wie der Mensch sein Ziel verfehlt" versucht, ein Phänomen bildhaft in Worte zu fassen, das Generationen über Generationen in ihren jeweiligen Gesellschaften beobachtet haben – und das an anderer Stelle in der Bibel so formuliert wurde: *„Das Dichten und Trachten des menschlichen Herzens ist böse von Jugend auf."* (1. Mose 8,21) Zugleich konnte man beobachten, dass Menschen, die mit sich und Gott im Reinen sind, erkennbar anders leben. Dass es also Gründe geben muss, warum Menschen „böse" oder eben „weniger böse" handeln – und dass „verfehltes Handeln" immer auch mit „verfehltem Leben" zu tun hat. So wurde die Paradiesgeschichte zu einer anschaulichen Übertragung der Erkenntnis, dass die Trennung vom „Urgrund des Seins" dem Menschen nicht gut tut.

Später wurde im Christentum über das rechte Verständnis der Sünde natürlich noch viel gestritten. Zum Beispiel behauptete der Theologe Pelagius im 5. Jahrhundert, der Mensch hätte in sich noch immer die Kraft, nicht zu sündigen („posse non peccare"), und erklärte, durch einen rigiden Handlungskodex wäre es möglich, wieder gute Menschen zu erziehen. Aber Augustinus setzte sich klar mit der Gegenaussage durch: *„Der Mensch kann nicht nicht sündigen."* („Non posse non peccare.") Der Kirchenvater brachte dann auch den Begriff „Erbsünde" in die Diskussion, um deutlich zu machen, dass kein noch so guter Mensch durch irgendwelche Handlungen in der Lage ist, sich wieder Essenz zu verschaffen.

Weil Sünde ein Zustand ist, der von den Menschen nicht allein beendet werden kann, lässt Gott seinen Sohn Jesus Christus stellvertretend am Kreuz sterben, damit der dem ganzen Elend ein Ende macht. Und wenn wir sagen: *„Am Kreuz nahm Jesus unsere Sünde auf sich"*, dann auch deshalb, weil Gott am Kreuz, in diesem Moment des Erschreckens, erstmalig am eigenen Leib (bzw. am Leib Jesu) erfährt, was Sünde ist. Am Kreuz trennt Gott sich letztlich von sich selbst, denn Jesus ruft ja laut: *„Vater, warum hast Du mich verlassen?"* Der Sohn Gottes, der nicht sündig ist, weil von ihm die ganze Zeit galt *„Ich tue den Willen meines Vaters"*, erfährt am Kreuz plötzlich, wie sich Sünde anfühlt. Was es bedeutet, getrennt zu sein von Gott. Getrennt zu werden vom wahren Sein. Den Tod zu erleben, anstatt vom ewigen Leben zu zehren. Am Kreuz trägt und erträgt Gott in Jesus Christus selbst die Sünde. Nimmt sie auf sich. Warum und wie das die Menschen befreit, darüber werden wir später noch konkreter reden.

Nun darf man natürlich fragen: Sind wir denn heute, nachdem Jesus die Sünde auf sich genommen und überwunden hat, überhaupt noch sündig? Nun, Martin Luther hat dazu einen wahrhaft weisen Satz gesagt: Wir sind *„simul justus et peccator"*, gleichzeitig gerecht und Sünder. Gott hat in Jesus Christus das Getrenntsein von Gott, also die Sünde, grundsätzlich überwunden. Damit ist der Weg zum Sein zugänglich. Trotzdem wird es immer wieder passieren, dass wir diesem Anspruch nicht gerecht werden und uns doch wieder von Gott distanzieren. Das macht aber nichts, wenn wir um unser Unvermögen wissen und guten Willens sind, es mit Gottes Hilfe besser hinzubekommen.

Für den klugen Reformator war dabei klar: Wenn ein Mensch wirklich verstanden hat, dass er von Gott geliebt ist und bei ihm die Quelle des Seins gefunden hat, dann wird er ganz selbstverständlich versuchen, liebevoll mit sich und mit seinen Mitmenschen umzugehen. Wiederum gilt also: Lieblose Taten sind nur ein Ausdruck davon, dass irgendetwas in mir gerade dabei ist, sich von der Liebe Gottes zu lösen. Entscheidend ist daher, dass jeder Mensch sich leidenschaftlich um seinen Glauben kümmert, weil er dann auch vernünftig leben kann. Oder wie Jesus es ausdrückt: *„Trachtet zuerst nach dem Reich Gottes, dann wird euch alles, was ihr braucht, zufallen."*

Um den Bogen zu schließen, sei noch gesagt, dass auch die Heilige Teresa von Avila im Laufe ihres Lebens erkannte, dass es vor allem um eines geht, nämlich wieder *„mit Gott eins"* zu werden. Darum gründete sie einen eigenen Reformzweig ihres Ordens, in dem sich die Frauen ganz darauf konzentrieren konnten, Schritt für Schritt die *„Vereinigung mit Gott"* zu erreichen, einen herrlichen Zustand, in dem man ganz gewiss ist, dass man vor der Hölle nicht die Spur von Angst haben muss. Und wenn jemand trotzdem mal einen Fehler macht, dann kann er sich darauf verlassen, dass Gott ein gnädiger Gott ist, für den die gute Absicht wertvoller ist als der Erfolg.

Der Wittenberger Reformator Martin Luther jedenfalls verkündete in diesem Zusammenhang, er sei nun wahrhaft *„allein aus Gnade gerechtfertigt"*. Da spürt man, dass auch ihn die Angst eines Tages nicht mehr beherrschte. Wie gut.

Wie kann Gott das Leid zulassen?

Die himmlische Verantwortung

Wir reden unglaublich gerne über Gottes Güte, seine Gnade und seine Barmherzigkeit. Wir predigen fröhlich von seiner Liebe, seiner Vergebung und seiner Sanftmut. Und wir betonen immer wieder, dass der liebevolle Vater im Himmel nur das Beste für seine Geschöpfe möchte. Doch all diese ach so schönen Werte haben spätestens seit dem 20. Jahrhundert einen unfassbaren Knacks bekommen. Seither fragen nämlich viele Glaubenskritiker zu Recht: Kann man nach Auschwitz, nach Hiroshima, nach dem Vietnamkrieg oder nach dem Tsunami von 2004 überhaupt noch an Gott glauben?

Selbst wenn man zugesteht, dass die schlimmsten Gräuel der Neuzeit von Menschen verursacht wurden, finden doch die meisten Naturkatastrophen ohne menschliches Zutun statt. Und auch bei den von Menschen herbeigeführten Katastrophen ist die Frage berechtigt: Warum lässt Gott all diese Dinge zu? Warum verhindert er sie nicht? Hätte er nicht in Auschwitz, in Treblinka und in Majdanek eingreifen müssen, als Millionen von Menschen eiskalt ermordet wurden? Es hätte ja vermutlich schon gereicht, wenn Gott dafür gesorgt hätte, dass das Attentat von Georg Elser auf Adolf Hitler nicht scheitert? Der Herr im Himmel hatte so viele Möglichkeiten einzugreifen. Aber er hat nichts getan. Warum nicht? Wie kann Gott das unfassbare Leid der Welt einfach so hinnehmen?

Außerdem geht es bei diesen Fragen auch nicht nur um das welt-
historische Elend: Fast jede und jeder kennt Menschen, die unter
schrecklichen Krankheiten leiden, geliebte Angehörige viel zu früh
verlieren oder auf andere Weise mit unfassbarem Elend konfrontiert
werden. Was ist das für ein Gott, der diese Dinge offensichtlich taten-
los hinnimmt? Und wie sollen die Menschen mit einem derartigen
Widerspruch leben: Gott liebt die Welt … angeblich – und trotzdem
ist sie eine Welt voller Desaster, Schrecken und Verderben.

Der Schriftsteller Albert Camus hat einmal geschrieben: *„Ich werde
mich bis in den Tod hinein weigern, eine Schöpfung zu lieben, in der Kinder
gemartert werden.“* Und der Philosoph Arthur Schopenhauer erklärte:
*„Wenn Gott diese Welt geschaffen hat, möchte ich nicht dieser Gott sein;
denn das Elend der Welt würde mir das Herz zerreißen.“*

Was es übrigens tut. Zumindest davon bin ich fest überzeugt. Die
Bibel ist jedenfalls voller Texte, in denen Gott über die Grausamkei-
ten auf Erden zutiefst erschrickt und trauert. Immer wieder erklärt
er: *„Ich habe das Leid meines Volkes gesehen.“* Aber wenn dem so ist,
dann muss man ja umso mehr fragen: Warum tut Gott nichts dagegen? Warum sterben Menschen, die wir lieben, qualvoll an Krebs,
warum hat ein Jugendlicher einen schrecklichen Fahrradunfall, und
warum zerbrechen so viele unserer Lebensträume?

Die Frage nach dem Leid in der Welt wurde in der Neuzeit vor allem
von dem großen Denker Gottfried Wilhelm Leibniz diskutiert, der
auch den bis heute geläufigen Begriff „Theodizee“ erfand – also die
„Lehre von der Gerechtigkeit Gottes“.

Beschäftigt hat man sich mit dieser Thematik allerdings schon
viel länger. Natürlich. Schließlich hat man sich auch schon in der
Antike gefragt, warum die göttlichen Zusagen und die Realität oft so
weit auseinanderklaffen. Ein griechischer Philosoph schrieb einmal:
„Entweder will Gott die Übel beseitigen und kann es nicht: Dann wäre er

schwach – was auf ihn nicht zutrifft. Oder er kann es und will es nicht: Dann wäre er missgünstig – was ihm fremd ist. Oder er will es nicht und kann es nicht: Dann wäre er schwach und missgünstig zugleich – also nicht Gott. Oder er will es und kann es, was sich allein für Gott ziemt: Woher kommen dann die Übel und warum nimmt er sie nicht hinweg?"

In diesem kurzen Text stecken bereits alle entscheidenden Herausforderungen der Theodizee: Erstens passt eine Welt voller Leid und Elend offensichtlich nicht zu einem Schöpfergott voller Kraft und Liebe. Und zweitens stellt sich die Frage: Will Gott nicht oder kann er nicht? Ist er zu schwach oder desinteressiert? Wenn auch nur einer dieser beiden Fälle zuträfe, müssten wir unser klassisches Gottesbild radikal in Frage stellen. Oder wir erklären schlichtweg, dass wir bestimmte Seiten Gottes eben nicht begreifen können und heften die Theodizee im Ordner „Lässt sich nicht klären!" ab.

Tatsächlich kommen viele Theologen zu dem Schluss, dass man die Frage nach dem Leid in der Welt eigentlich nicht beantworten kann. Jedenfalls nicht auf eine in sich stimmige und überzeugende Weise. Der Präses der Kirche von Westfalen, Alfred Buß, sagte zum Beispiel: *„Ehrliche Theologie gesteht ein, dass es auf die Frage nach dem Sinn des Leidens keine Antwort gibt. Wer sie trotzdem versucht, setzt nur Irrlichter auf."*

Dazu kommt: Es ist ja schon schwierig, „Leid" überhaupt zu definieren. Weil man es, wie so vieles, kaum messen kann. Wären Sie denn in der Lage, in wenigen Worten zu sagen, was „Leid" bedeutet? Ich nicht. Leid ist ganz und gar subjektiv. Das mag jetzt salopp klingen, aber mancher empfindet über den Verlust seines Rauhaardackels oder über ein eingegangenes Kleidungsstück mehr Schmerz als über die Tatsache, dass auf der Welt jeden Tag 25.000 Menschen verhungern. Was pervers ist – und trotzdem nachvollziehbar.

Grundsätzlich kann man festhalten, dass sich Leid kaum quantifizieren lässt. Ich meine: Was ist schlimmer, ein Bein zu verlieren oder die Hoffnung? So eine Frage empfinden wir zu Recht als absurd. Trotzdem macht sie deutlich, dass die Beurteilung von Leid im höchsten Maße individuell ist. In der griechischen Philosophie sagte man sogar: *„Es gibt nichts Gutes, das nicht irgendjemand als Leid empfindet – und umgekehrt."*

Kurzum: Dass Menschen schreckliche Dinge zustoßen, wissen wir alle. *Ob* und *wie* und zu *wie viel* Leid das führt, ist dabei noch einmal eine ganz andere Zumutung. Ja, es passiert doch andauernd, dass zwei Personen das gleiche Leid erleben, zum Beispiel: ihre Arbeit verlieren. Doch während der eine darüber so verzweifelt ist, dass er lethargisch wird und alle Zuversicht fahren lässt, sagt der andere „Jetzt erst recht!" Er fängt an sich zu bewerben, besucht Fortbildungen und glaubt weiter an sich. Diese beiden Leute erleben das Leid nicht nur anders, sie gehen auch ganz unterschiedlich damit um.

Wir müssen deshalb sauber zwischen zwei Ebenen dieser Thematik trennen: Auf der ersten Ebene geht es um die herausfordernden Lebensumstände selbst, auf der zweiten Ebene um die Frage, wie wir mit solchen Lebensumständen umgehen.

Schauen wir uns jetzt mal den ersten Teil an: Die Frage, warum es in einer Schöpfung, die Gott „sehr gut" nennt, so viel Elend gibt. Ich stelle Ihnen einfach mal in einem Schnelldurchlauf einige der gängigsten Erklärungsmodelle aus der Theologie vor:

1. **Es gibt eine böse Macht.** Immer wieder – übrigens auch schon in der Bibel – begegnet uns die Vorstellung, dass Gott, beziehungsweise „das Göttliche", einen dunklen Gegenspieler hat: den Teufel, den Satan, den Beelzebub oder wie immer Sie diesen „Widersacher" nennen mögen. Und der „Böse" ist angetreten, um die Welt durcheinander zu bringen, den Menschen zu schaden und das gute Werk des Schöpfers zu sabotieren. Demnach leben wir

in einer Welt, in der andauernd das Gute und das Böse miteinander ringen. Und immer, wenn etwas Grausames passiert, hat eben der „Fürst der Finsternis" gesiegt. Mit dieser Erklärung wäre Gott vordergründig aus dem Schneider.

Allerdings kommen natürlich sofort neue Fragen auf: Wenn Gott sich das Walten seines Gegenübers einfach so gefallen lassen müsste, dann wäre er ja irgendwie doch nicht allmächtig. Und wenn er das Böse oder den Bösen frei schalten und walten lassen würde, dann wäre er definitiv nicht freundlich. Insofern löst diese Hypothese die vorgestellte Grundproblematik nicht wirklich auf.

2. **Wir sind selbst schuld.** In der biblischen Sündenfallgeschichte, die wir ja schon kennengelernt haben, konnte der Mensch frei wählen, ob er dauerhaft im Paradies leben möchte – oder lieber in einer Welt mit Gut und Böse. Die Schlange sagte in dieser Erzählung wörtlich: *„Wenn ihr in diese Frucht beißt, dann werdet ihr erkennen (das heißt auch: erfahren), was Gut und Böse ist."* Sprich: Wir leben noch heute in einer gebrochenen, mit Leid gefüllten Welt, weil der Mensch damals freiwillig das ewige, leidfreie Leben aufgab und sich für die ganze Bandbreite an Erfahrungen entschied.

Der Theologe Paul Tillich fasst dieses uralte Bild so zusammen: *„Das physische Übel ist die natürliche Folge kreatürlicher Endlichkeit."* Allerdings klingt auch das nach einem theologischen Konstrukt, das manche Fragen offenlässt: Wenn es Gottes erklärter Wille ist, die Welt mit sich zu versöhnen, und er dafür sogar seinen Sohn Jesus Christus auf die Erde schickt, dann ist die Vorstellung von einer dauerhaften Strafe aufgrund eines atavistischen Urteils als Folge des Sündenfalls (das möglicherweise ja gar nicht so falsch war, wie man denken könnte) doch zumindest nach der Auferstehung Jesu fragwürdig.

3. Wir sollen am Schmerz reifen. Interessanterweise finden wir diesen Gedanken in ganz vielen religiösen Gruppierungen: Könnte es nicht sein, dass uns immer wieder Schmerzhaftes widerfährt, damit wir uns darin quasi bewähren? Dass Gott uns Herausforderungen schickt, um zu sehen, wie stark wir sind. Dahinter steckt die Erkenntnis, dass Menschen gelegentlich in der Auseinandersetzung mit existentiellen Brüchen am Intensivsten reifen. Und mancher sagt nach einer schweren Lebenskrise: *„Hätte ich diese dunkle Zeit nicht durchlaufen, dann wäre ich heute nicht der, der ich bin."*

Allerdings passt ein solcher Ansatz überhaupt nicht zu den Grundaussagen des Christentums: Wenn wir uns das Leben Jesu anschauen, dann sehen wir, dass er das Leiden überall bekämpft hat. Wo immer es möglich war. Er wollte nicht, dass Menschen Schmerzen haben, er wollte, dass sie heil werden. Und ich möchte auch nicht an einen Gott glauben, der seine liebsten Geschöpfe in einer Art „Dschungelcamp für Fromme" andauernd mit ekligen Prüfungen konfrontiert. Das wäre absolut ungöttlich.

4. Wir werden bestraft. Dieses ebenfalls weit verbreitete Erklärungsmuster sagt: Weil der Mensch sich so fehlerhaft und sündig verhält, verdient er es im Gegenzug zu leiden. Sprich: Wären die Menschen perfekt, dann gäbe es auch kein Leid mehr. Weil sie es aber nicht sind, werden sie für ihre Fehlerhaftigkeit schon hier und jetzt auf Erden zur Rechenschaft gezogen. Ja, noch in den fünfziger Jahren gab es Theologen, die Schmerzmittel bei Geburten verbieten wollten, weil Schmerzen grundsätzlich eine Strafe Gottes seien, die man mit Geduld ertragen müsse. „Du, Mensch, bist böse, darum hast du Strafe verdient." Das wäre eine schlichte, aber konsequente Begründung für das Leid.

Allerdings sprechen auch hier die Evangelien eine andere Sprache: Jesus wird einmal angesichts eines Leidenden gefragt, was denn der Mann oder seine Vorfahren wohl verbrochen haben mögen. Daraufhin weist Jesus die Fragenden scharf zurecht und sagt: *„Die Krankheit eines Menschen hat überhaupt nichts mit irgendwelchen Sünden zu tun."* Ein Zusammenhang von Lebensstil und Leid wird also hier ganz klar abgelehnt.

5. **Wir leben in der besten aller Welten.** Der schon erwähnte Gottfried Wilhelm Leibniz, der Erfinder der Theodizee-Forschung, hatte eine ganz andere, bis heute viel diskutierte These. Er war der Überzeugung, dass Gott natürlich auch eine andere Welt schaffen könnte, eine Welt mit weniger Leid, aber diese Welt wäre nicht so gut wie die, in der wir leben. Er schreibt: *„Da aber die göttliche Weisheit das erwählen musste, was den besten Zusammenklang ergab und das Laster durch diese Pforte eingetreten ist: so wäre Gott nicht vollkommen weise gewesen, wenn er es ausgeschlossen hätte."*

Das heißt: Die Welt, in der wir leben, ist ein Gesamtkunstwerk – ein filigranes Gebilde, in dem alles mit allem zusammenhängt. Und zu dieser fein abgestimmten Komposition gehört nun einmal auch das Böse, weil ohne das Böse kein Gleichgewicht vorhanden wäre. Allerdings: Auch Leibniz vollzieht hier einen Zirkelschluss. Er sagt: Weil Gott der Beste ist, muss auch unsere Welt die beste sein. Das lässt jedoch immer noch die Möglichkeit offen, dass ein besserer Gott auch eine bessere Welt hätte erschaffen können.

Trotzdem hat der Gedanke von „der besten aller Welten" das Fundament für die Hypothese gelegt, die mich selbst am meisten überzeugt. Diese Hypothese basiert auf der Frage: Welchen Grund könnte Gott dafür haben, dass er das Leid zulässt? Oder besser gesagt: Gibt es einen Wert oder ein Ideal, das so kostbar ist, dass Gott dafür den Schmerz und das Leid in Kauf nimmt?

Die Antwort lautet: Ja, so einen Wert gibt es – die Freiheit. Wir Menschen sind frei, Entscheidungen zu treffen. Ein Privileg, das es ohne Freiheit definitiv nicht gäbe. Das Gegenteil von Freiheit wäre nämlich Vorherbestimmung ... und damit völlige Willenlosigkeit des Menschen. Sprich: Wer Freiheit haben möchte, der muss wählen können. Der muss in einer Welt leben, in der Gut und Böse gleichermaßen vorhanden sind – weil sonst keine Wahlfreiheit existiert. Ein freier Mensch muss sogar in einer Welt leben, in der alle Grade von Gut und alle Grade von Böse vorkommen, damit er sieht, wie groß die Bandbreite der Lebensmodelle ist. Mit all den dazugehörigen Gefühlen: himmelhoch jauchzend, zu Tode betrübt. Jubel und Klage. Freude und Schrecken. Gesundheit und Krankheit.

Ja, wer sich nicht gegen etwas Böses entscheiden kann, der kann sich auch nicht für etwas Gutes entscheiden. Sprich: Ohne Gut und Böse gäbe es in unserem Leben weder Ziele, noch Hoffnungen, weder Träume, noch Ideale – und auch keinen Glauben und keine Liebe. Es gäbe dann nicht einmal Schönheit, weil jedes Empfinden von Ästhetik voraussetzt, dass ich eine Abstufung vornehmen kann: Dies gefällt mir besser als das. Dies finde ich hässlich, dies attraktiv. Wer wählen will, muss fühlen. Und das bedeutet: volle Freiheit, volles Risiko.

Wir leben in einer Welt, in der die Freiheit zu wählen – und die Freiheit, auf Veränderungen zu reagieren – uns in grenzenloser Form geschenkt ... aber eben auch zugemutet wird. Manchmal bis an die Grenzen unserer Belastbarkeit. Und manchmal weit darüber hinaus. Unsere Welt mit der ganzen Bandbreite an Gut und Böse ist der Raum, in dem wir wählen, handeln, urteilen und leben müssen. Und eine Welt mit eingeschränktem „Bösen" wäre eben auch eine Welt mit eingeschränkter Freiheit.

In Bezug auf Gott bedeutet das: Würde Gott das Böse eliminieren, dann würde er uns damit zugleich zu Sklaven des immer gleichen Guten machen – das wir aber gar nicht mehr als gut erleben würden, weil wir ja nicht wüssten, dass es Schlechtes gibt. Insofern passt das Bild: Gott hat eine Welt geschaffen, in der wir frei sein können, aber er leidet mit uns daran, dass uns darin so viel Arges widerfährt.

Ich gebe gern zu: Diese Hypothese ist eine rein denkerische Antwort, der Versuch einer Erklärung. Und eines spendet sie ganz gewiss nicht: Trost – vor allem nicht, wenn Sie selbst gerade Leid empfinden. Darum möchte ich mit Ihnen jetzt noch einmal auf die zweite Ebene schauen, die Ebene, die nicht nach den Ursachen von Schmerz fragt, sondern danach, wie wir mit Leid umgehen. Oder um es anders auszudrücken: Wir haben gesehen „Gott bewahrt uns nicht *vor* Leid." Die große Frage ist nun „Bewahrt er uns *im* Leid?"

Könnte es sein, dass Glaubende rein statistisch zwar nicht weniger Schmerz erfahren als Nichtglaubende, dass sie aber anders damit umgehen? Dazu würde ich mir gerne mit Ihnen die Geschichte des Hiob anschauen. Sie erinnern sich vielleicht …

Die Bibel nutzt in dieser Überlieferung das Bild einer Wette. Eines Tages kommt der gefallene Engel Satan im Himmel vorbei und fordert Gott heraus: *„Ja, dieser Hiob da auf Erden, von dem du behauptest, er sei so untadelig, so rechtschaffen, so fromm und so gottesfürchtig. Der hat ja gut glauben. Dem geht es super. Dem fehlt nichts. Ich behaupte: Wenn der mal eine echte Krise erleben würde, dann wäre es ganz schnell vorbei mit seiner Frömmigkeit."*

Warum auch immer: Gott lässt sich auf diese üble Wette ein – und gestattet dem Teufel tatsächlich, den frommen Hiob auf die Probe zu stellen. Was sich Satan nicht zweimal sagen lässt. Blitzschnell verliert Hiob nicht nur seinen gesamten Besitz, sondern auch seine zehn Kinder, also seine gesamte Nachkommenschaft. Unfassbar. Zudem wird er selbst schwer krank und liegt nun total gebeutelt am Boden.

Seine Frau ist darüber so verletzt, dass sie Hiob auffordert, seinem Glauben abzuschwören und Gott angesichts all des Leids zu verfluchen. Doch Hiob will von seinem Glauben auf keinen Fall lassen. Er entgegnet: *„Wenn wir das Gute von Gott annehmen, müssen wir dann nicht auch das Böse von ihm annehmen?"* Und kurz darauf sagt er einen der berühmtesten und mich am meisten bewegenden Sätze der Bibel: *„Der Herr hat's gegeben, der Herr hat's genommen. Gepriesen sei der Name des Herrn."* Unglaublich, oder? Ja, Hiob lobt Gott trotz all des Schmerzes und des Elends.

Was übrigens nicht heißt, dass Hiob nicht herzzerreißend klagt. Er ist nicht emotionslos. Im Gegenteil. Aber: Seine einzige Orientierung ist und bleibt Gott. Gott ist für ihn wichtiger als sein Leben und wichtiger als sein Besitz. Oder anders ausgedrückt: Allein aus Gott hat er all das erhalten, also ist er bereit zu akzeptieren, dass Gott auch das Recht hat, ihm diese Dinge wieder zu nehmen.

Nicht nur Hiobs Frau, sondern auch seine drei Freunde haben mit dieser Einstellung übrigens massive Probleme. Ganz schnell versuchen sie Hiob deutlich zu machen, dass es irgendeinen Grund für diese widerwärtigen Prüfungen geben muss. Diese Freunde leben nämlich noch ganz in der damaligen Vorstellung, dass alles, was uns widerfährt, eine Folge unseres Handelns ist. Man nennt das in der Wissenschaft den „Tun-Ergehen-Zusammenhang": So, wie du dich verhältst, so wird es dir ergehen. Glück und Unglück sind Folge unseres Verhaltens. Glaubte man damals. Und, seien wir ehrlich: Viele Menschen glauben das bis heute. Leider. Weil uns dann nämlich jeder Platten beim Fahrrad arge Gewissensbisse bringen kann.

Doch die Hiob-Geschichte macht mit dem „Tun-Ergehen-Zusammenhang" ein für alle Mal Schluss. Sie sagt: Natürlich hat unser Verhalten Konsequenzen (Wenn du stark rauchst, erhöhst du dein Lungenkrebsrisiko!), aber viele Dinge geschehen völlig unabhängig von unserem Tun. Hiob führt uns stellvertretend vor Augen, dass ein

Mensch ohne irgendein Zutun in eine Krise geraten kann. Und das, was ihm zustößt, ist definitiv keine Strafe und hat auch nichts mit mangelnder Ehrfurcht, Dummheit oder Sünde zu tun – es passiert einfach.

Darum ist es auch so fruchtlos, in der Konfrontation mit dem Leid die Schuldfrage zu stellen. Meist ist niemand „schuld". Ja, selbst die Frage „Warum gerade ich?" ist nicht nur unproduktiv, sondern psychologisch hochgradig gefährlich. Außerdem suggeriert sie, dass es besser gewesen wäre, wenn das Leid einen anderen getroffen hätte. Wesentlich ist deshalb: Die Geschichte von Hiob war damals ein absoluter Paradigmenwechsel. Der „Tun-Ergehen-Zusammenhang" wurde als falsch entlarvt, die Nichterklärbarkeit vieler Erfahrungen akzeptiert und eine viel wichtigere Frage tauchte auf: Wie kann ich mit dem Schmerz leben?

Hiob gelingt dieses „Kunststück", weil sein Glaube ein Fundament ist, das nicht zerbricht, auch wenn fast alles andere um ihn herum zerbricht. Er weiß, dass er zwar fallen kann, sehr tief sogar, aber nicht tiefer als in Gottes Hand. Und dass Gott allein weiß, wohin das alles führt. Nebenbei: Die Hiob-Geschichte hat – nach damaligem Verständnis – ein Happy End. Hiob bekommt neue Kinder und seinen Besitz zurück. Aber das ist gar nicht das Entscheidende. Dass Hiob in der tiefsten aller Krisen nicht verzweifelt ist, das ist seine eigentliche Stärke. *„Der Herr hat's gegeben, der Herr hat's genommen. Gepriesen sei der Name des Herrn."*

Doch auch ein Widerstandskämpfer wie Dietrich Bonhoeffer, dessen Geschichte im KZ endete und nicht gut ausging, war von seinem Glauben so getragen, dass er im Gefängnis schreiben konnte:

„Ich glaube, dass Gott aus allem, auch aus dem Bösesten, Gutes entstehen lassen kann und will. Ich glaube, dass Gott uns in jeder Notlage soviel Widerstandskraft geben will, wie wir brauchen. In solchem

Glauben müsste alle Angst vor der Zukunft überwunden sein. Ich glaube, dass Gott kein zeitloses Fatum ist, sondern dass er auf aufrichtige Gebete und verantwortliche Taten wartet und antwortet."

Was macht ein Leben heil?

Das Geheimnis der Gnade

Eine Legende erzählt von vier Männern, die gleichzeitig an der Himmelspforte ankommen. Und natürlich hofft jeder von ihnen, dass er direkt in den Himmel gelassen wird. Allerdings ist die letzte Stufe ziemlich hoch – und so stehen die Männer da und schauen aufgeregt und mit großen Augen nach oben.

Der erste Mann stellt sich vor, woraufhin der diensthabende Engel aus einer nahegelegenen Höhle eine Truhe holt, auf der der Name des Neuankömmlings steht. Der Engel öffnet die Truhe schwungvoll – und … sie ist leer. Beschämt tritt der Besitzer zur Seite. Das Bibelwort „Sammelt euch Schätze im Himmel" hatte er offensichtlich nicht ganz so ernst genommen.

Nun tritt der zweite Mann vor und nennt seinen Namen. Wieder wird eine Truhe geholt – und als der Deckel aufklappt, glitzern darin ein paar kleine Edelsteine. Der Mann atmet erleichtert auf, denkt sich „Das sollte reichen", und will natürlich sehen, wie es den beiden anderen ergeht.

Der dritte Mann schluckt, murmelt seinen Namen, und wartet ungeduldig, bis die passende Truhe geholt und vor ihm geöffnet wird. Und siehe da: Sie ist randvoll mit Schätzen. Das funkelt und blitzt nur so. Freudestrahlend und mit reichlich Stolz schließt der Ankömmling beruhigt die Augen. Es wird bestimmt alles gut.

Nun erwartet auch der vierte Mann aufgeregt seine Truhe. Der Engel Gottes trägt sie herbei, öffnet sie schwungvoll ... und ... ein fürchterlicher Gestank verpestet die Luft. Entsetzt rümpfen die andern drei die Nase und versuchen, einen Blick in die Truhe zu werfen. Darin sieht es schlimmer aus als in einer Jauchegrube. Alles voller Unrat. Abstoßend und ekelhaft.

Doch der Engel fordert den letzten Mann als Erstes auf, zu ihm zu kommen. Dieser nimmt ein bisschen Anlauf und springt dann leichtfüßig über die letzte Hürde in den Himmel. Siegesgewiss laufen daraufhin auch die drei anderen los, machen einen großen Satz und knallen fürchterlich gegen die Stufe. Heftig schimpfend fangen sie an, sich zu beschweren und auf den Engel einzureden.

Doch der sagt freundlich: „Habt ihr denn gar nicht verstanden, worum es hier geht? Euer Begleiter hat all seine Sorgen, Probleme und Schwierigkeiten, all seine Schlechtigkeiten, Gemeinheiten und Fehler ... alles, was sein Leben schwer gemacht hat ... all das hat er Gott anvertraut. Darum konnte er so unbelastet über das Hindernis springen. Ihr aber habt all diese Dinge für euch behalten. Darum seid ihr zu schwer."

Ich finde diese Geschichte großartig. Auch wenn ich natürlich weiß, dass sie nicht standhielte, wenn man sie theologisch auf Herz und Nieren prüfen würde. Aber das macht nichts. Außerdem wäre das vermutlich auch bei manchen Gleichnissen Jesu so. Geschichten sind ja keine festgezimmerten Lehren, sie wollen etwas anschaulich machen, uns eine Lebensweisheit bildhaft vor Augen führen. Und mir gefällt das plastische Bild, das diese Legende nutzt: das Bild vom „leichten" Leben. Das Bild von einem Mann, der sich so „leicht" fühlt, dass er die schwierigsten Hürden überspringen kann.

Nun kann man aber dem Zusammenhang entnehmen: Der Mann, dessen Truhe mit dem ganzen Unrat gefüllt war, hatte gar kein leichtes Dasein im oberflächlichen Sinn, im Gegenteil, offensichtlich gab es in seinem Leben eine Menge an unschönen Erfahrungen, Charakterzügen und Herausforderungen, die ihm seine Zeit hätten ordentlich schwer machen können. Sonst hätte sich ja in seiner Truhe nicht so viel „Schlechtes" angesammelt. Aber es gelingt diesem Glaubenden, all das Belastende bei Gott abzuladen und dadurch eine „innere Leichtigkeit" zu entwickeln, mit deren Hilfe er eben nicht nur seinen Alltag, sondern – bildlich gesprochen – auch den Sprung in den Himmel bewältigt.

Vielleicht ist das Motto „Nimm selbst das Schwere leicht!" gar nicht so schlecht, um etwas von der Lebenseinstellung deutlich werden zu lassen, die ein Mensch haben kann, der sich in Gottes Hand geborgen und getragen weiß. Denn wenn wir danach fragen, was ein Leben heil macht, dann müssen wir uns zuallererst von der Vorstellung verabschieden, ein „heiles Leben" wäre eines, in dem Menschen, salopp gesagt, immer Glück haben.

Erstens gibt es das gar nicht. Und zweitens wäre es vermutlich auch nicht besonders erstrebenswert. Darum ist es gelegentlich sinnvoll, daran zu erinnern, dass Gott an keiner Stelle irgendeinem Menschen ein leidfreies Leben verspricht. Ja, jeder „Alles-wird-gut-Theologie" sollte man mit einer gehörigen Portion Misstrauen begegnen. Wer glaubt, der wird nicht automatisch reich, schön, berühmt, begehrt und gesund. „Ein heiles Leben" – dahinter steckt etwas ganz anderes.

Übrigens: Auch wenn Theologen von „Segen" reden, meinen sie nicht etwa ein magisches „Rundum-sorglos-Paket" im Sinne eines himmlischen Schadenfreiheits-Rabatts. Auch wenn das viele Leute sehr gerne hätten. Um es mal sehr prägnant zu formulieren: Getaufte und gesegnete Kinder schlagen sich genauso oft die Knie blutig wie ungetaufte und ungesegnete Kinder. Und sie bekommen auch nicht seltener Mumps, Masern oder Windpocken. Segen ist nämlich kein

„Unheilsschutz", sondern die himmlische Zusage, dass Gott uns immer so nah ist, dass wir die Lasten des Lebens mit ihm teilen und dadurch die oben beschriebene „innere Leichtigkeit" entwickeln können.

Wer diese himmlische Form der Leichtigkeit für sich entdeckt hat, der kann tatsächlich sowohl mit Schürfwunden als auch mit Krankheiten und anderen Widerfahrnissen „leichter" umgehen. Sie werfen ihn nämlich nicht aus der Bahn, weil das, was ein Leben ausmacht – das grundsätzliche Angenommen-Sein eines Menschen bei Gott, das Erfahren von tiefer Liebe und die Geborgenheit im Glauben – von den „heillosen" Erfahrungen nicht betroffen wird. Ja, wer diese innere Stärke kennt und mit sich, der Welt und Gott im Reinen ist, der entwickelt eben jene wohltuende „Gelassenheit" der mittelalterlichen Mystiker, die ich schon erwähnt habe.

Jesus hat zu dieser Lebenseinstellung übrigens auch ein Gleichnis erzählt; eines, das Sie vermutlich kennen. Dieses Gleichnis ist der krönende Abschluss der legendären Bergpredigt im Matthäusevangelium und wird auch nach zweitausend Jahren noch gerne benutzt, um die heilende Kraft des Glaubens anschaulich zu machen: *„Wer hört, was ich von Gott erzähle und sich daran hält, der gleicht einem klugen Mann, der sein Haus auf Fels baut. Wenn dann ein Sturm kommt, dann fällt das Haus nicht zusammen, weil es ein festes Fundament hat. Wer dagegen meine Worte hört und sie nicht umsetzt, der ist wie ein törichter Mann, der sein Haus auf Sand baut. Denn wenn ihn ein Sturm trifft, dann bricht das Haus zusammen."*

Letztlich geht es bei der Frage nach dem heilen Leben darum, ob das Fundament meines Daseins so fest ist, dass selbst die größten „Stürme" mein Lebenshaus nicht zum Einsturz bringen. Sprich: Christinnen und Christen erleben vermutlich genauso viele Stürme und Anfechtungen wie Menschen, die nicht glauben können, aber sie haben etwas, das sie hält. Und genau deshalb können sie im positiven Sinn „leicht-sinnig" sein.

Nun gilt es aber zu klären, was das alles mit dem sagenumwobenen Tod Jesu am Kreuz zu tun hat. Und wer da genau von wem oder von was erlöst wird. Wieder mal eines dieser Themen, die die klügsten Köpfe seit langem umtreiben: Muss der Mensch gewordene Gott wirklich den Tod erleiden, damit seine Geschöpfe Heil erfahren? Ist es nicht fast schon pervers, dass in allen Kirchen als Sinnbild des Glaubens ein schwer leidender Mann an einem Folterinstrument ausgestellt und angebetet wird? Und: Hätte Gott die Sache mit der Erlösung nicht auch auf weniger blutrünstige Weise bewerkstelligen können?

Nun, über all das grübeln vor allem Theologen schon seit 2000 Jahren – und ich behaupte: So ganz wird sich der „Kreuzestod" der menschlichen Logik vermutlich niemals erschließen. Darum schreibt schon der Apostel Paulus sehr früh, dass die Sache mit dem Kreuz für einen Normaldenkenden immer wie *„eine Torheit"* klingen wird. Aber möglicherweise tut es den Glaubenden der Welt sogar ganz gut, wenn sie sich und anderen gelegentlich eingestehen, dass das Wirken Gottes ein Mysterium ist und bleibt. Ein lebensstiftendes Mysterium, das man erfahren, aber nicht erfassen kann.

Dass Jesus Christus am Kreuz leiden und sterben muss, damit wir Heil erfahren, ist eine absolut paradoxe und in vielerlei Hinsicht auch erschreckende Aussage, aber sie ist und bleibt nun mal das Zentrum des christlichen Glaubens. Nach der Verkündigung des Neuen Testaments ist Jesus, der Sohn Gottes, gekreuzigt worden und drei Tage nach seinem Tod auferstanden und seinen Jüngerinnen und Jüngern in leiblicher Gestalt erschienen. Um noch mal Paulus zu zitieren: *„So ist nun durch die Gerechtigkeit des Einen für alle Menschen die Rechtfertigung gekommen, die zum Leben führt."*

Schauen wir uns die Grundbegriffe dieses geheimnisvollen Kreuzesgeschehens noch mal an, vielleicht hilft uns das, dessen Dynamik besser zu ergründen:

1. Hingabe

Schon in der frühen Christenheit betonen die Autoren der Bibel, dass das Kreuzesgeschehen etwas Stellvertretendes ist. Dass Jesus sich hingibt, damit die Menschen nicht hingegeben werden müssen. Ich weiß, dass das höchst kompliziert klingt. Und das ist es auch. Ich versuche trotzdem mal, die dahinterliegende Idee zu verdeutlichen.

Eigentlich ist der Mensch selbst für sein Heil verantwortlich und müsste deshalb auch für die Folgen seiner Abwendung von Gott (der „Sünde") geradestehen. Aber weil die Geschäfte es trotz aller Bemühungen über die Jahrhunderte partout nicht hinbekommen haben, ihrem Schöpfer treu zu sein und innerlich heil zu werden, nimmt Gott die Sache selbst in die Hand. So, wie er Mensch geworden ist, um endlich mit den Menschen von Angesicht zu Angesicht reden zu können, kümmert er sich durch seinen Sohn darum, dass einige Fehlentwicklungen in der Menschheitsgeschichte wieder geradegebogen werden.

Indem Gott sich selbst in Gestalt Jesu Christi hingibt. Indem er einen stellvertretenden Tod stirbt und die sündhafte Trennung der Menschen von ihrem Urgrund selbst erlebt und in der Auferstehung überwindet. Indem er also die „Last der Welt" symbolisch auf seine eigenen Schultern legt. Er handelt vorbildhaft, weil er das Leid auf sich nimmt, das eigentlich die Menschen als Konsequenz ihres Tuns erleiden müssten.

2. Vergebung

Im Kapitel über die „Sünde" haben wir gesehen, dass dieser Begriff ausdrückt, wie sehr ein Mensch, der von Gott getrennt ist, nach biblischen Vorstellungen ein „verfehltes Leben" lebt, weil er sein tiefstes Sein nicht erreicht. Das heißt: Irgendwie scheint es im Menschen angelegt zu sein, dass er lieber auf seine eigenen Stärken als auf Gott baut.

Dieser allgegenwärtige Trennungswille steht so sehr zwischen Gott und den Menschen, dass Gott (der sich lange Zeit sehr über die ewige Wankelmütigkeit der Menschen erregt hat) zeigen möchte: „Es hat keinen Sinn, dass ihr euch andauernd bemüht, ein gottgefälliges Leben zu führen, und es doch nicht schafft. So kommen wir nicht weiter. Liebe kann man offensichtlich nicht durch Gebote und Ermahnungen erzwingen. Darum möchte ich euch gerne zeigen, dass ich ein Gott der Vergebung bin. Ja, ich vergebe euch."

Das heißt: Von Gottes Seite aus steht fortan nichts mehr zwischen ihm und seinen Geschöpfen. Keine Wut, kein Hass, kein Streit und kein Ärger sollen das Verhältnis trüben. Wenn die Menschen dieses göttliche Versöhnungsangebot annehmen, ist alles vergeben und vergessen. Durch die Vergebungstat am Kreuz, einem Ausdruck göttlicher Liebe, macht Gott deutlich, dass er keine Opfer scheut, um seinen guten Willen zu zeigen. Oder wie Jesus seinen Jüngern einmal anschaulich erklärt: *„Keiner liebt mehr als einer, der sein Leben für seine Freunde gibt."* Das hatten in Israel alle noch im Ohr, die miterleben mussten, dass Jesus sein Leben gab.

3. Opfer

Für uns Menschen des 21. Jahrhunderts ist die Vorstellung, dass Gott seinen Sohn „opfert", um Versöhnung zu ermöglichen, verständlicherweise sehr fremd. Irgendwie passt es nicht zu einem gnädigen Gott, dass er das Heil des Menschen nur mit „Mord und Totschlag" hinbekommt. Doch wir sollten dabei nicht vergessen, dass vor 2000 Jahren viele Dinge ganz anders gesehen wurden.

Ja, für die Israeliten des 1. Jahrhunderts war es selbstverständlich, dass ein Opfer (als Ausdruck von Dank und Hingabe) ein Zeichen der Liebe ist. Und dass ein Opfer Frieden zwischen zwei Parteien stiften kann. So erzählten die Menschen es sich ja damals auch in ihren Zelten, wenn sie die alten Überlieferungen weitergaben: Der Urvater Abraham zum Beispiel hatte statt seines Sohnes Isaak einen Widder geopfert (stellvertretend), jeder Jude opferte Teile seiner Herden oder seiner Ernten, um Gott etwas von dem zurückzugeben, was er von ihm geschenkt bekommen hatte (stellvertretend), und man konnte natürlich ein Opfer auch für einen anderen darbringen (stellvertretend).

Opfer waren in Israel nämlich vor allem eines: ein Ausdruck der Liebe zu Gott, ein Zeichen, dass der Opfernde an einem guten Verhältnis zwischen sich und dem Angebeteten interessiert war. Daher war die Idee, dass Jesus „geopfert" wird, um Gott und Mensch zu verbinden, in jener Zeit überhaupt nicht abwegig. Im Gegenteil: Weil es um etwas Besonderes ging, nämlich das Heil des Menschen, musste natürlich auch ein besonderes kostbares Opfer erbracht werden.

4. Auferstehung

Das Entscheidende an der Kreuzesgeschichte ist und bleibt: Sie endet nicht mit dem Tod, nein, sie endet mit der Auferstehung am Ostermorgen. Darin wird trotz all des Grauens, des Schmerzes und der Verzweiflung deutlich: Zu guter Letzt siegt das Leben. So sehr man sich auch als postmoderner Zweifler über die ganze Todessymbolik am Kreuz ärgern mag: Gottes Liebe ist stärker als der Tod. Das Leiden Jesu ist nur die Eröffnung eines größeren Geschehens, nur eine Zwischenstation.

Um es mal ein bisschen salopp auszudrücken: Wäre Jesus nicht am Kreuz gestorben, dann hätte es auch niemals eine Auferstehung gegeben. Und die ist nun mal einzigartig und schön. Ja, mehr noch: Weil es sich beim Tod am Kreuz und bei der Auferstehung um stellvertretende Taten handelt, wird den Menschen zugesagt, dass die gleiche göttliche Macht, mit der Jesus den Tod überwunden hat, auch ihnen den Weg in die Ewigkeit öffnen möchte. Gott ist gestorben und hat den Tod überwunden, damit der Mensch keine Angst mehr vor dem Tod haben muss.

Somit hat der Mensch Anteil an der ewigen und zeitlosen Weite Gottes. Und das wiederum ist zugleich einer der stärksten Bausteine für ein festes Lebensfundament: Wenn ich keine Angst mehr vor dem Tod haben muss, dann verlieren nämlich auch viele irdische Herausforderungen ihre Macht über mich.

Eine wahrhaft erstaunliche Botschaft – die natürlich in einer modernen Gesellschaft nur sehr schwer nachvollziehbar ist. Vor allem dort, wo die Überzeugung vorherrscht, der Wert eines Menschen hinge letztlich von seiner eigenen Leistung ab. Was ja in den westlichen Gesellschaften nach wie vor zu den am Weitesten verbreiteten Denkmodellen gehört: „Du bist, was du tust!" Genau darum finde ich die Geschichte vom Kreuz, bei allen Widerständen, die sie auch in mir auslöst, so befreiend: Ich muss mein Heil nicht selbst schaffen, das hat schon einer für mich geschafft. Indem er mir vor Augen führt, dass ich jeden „Selbsterlösungswahn" abwerfen und mich getrost in seine Arme werfen kann.

Gott macht am Kreuz deutlich, dass ich ohne Wenn und Aber zu ihm gehöre. Dass nichts uns trennen darf, weder der Tod, noch die Sünde, also mein Hang, mich von ihm zu entfernen. Dass er mich so sehr liebt, dass er bereit ist, für mich zu sterben. Was zugleich eine unglaubliche Aufwertung meiner Persönlichkeit bedeutet. Ich bin es wert, dass Gott sein Leben hingibt. Mit dieser Zusage kann ich endgültig alle Gottesbilder zu Grabe tragen, in denen Gott als strafender Richter, zorniger Rächer oder furchterregender Kontrolleur daherkommt. Nein, Gott ist einer, der sich für mich hingibt. Und diese Hingabe betont noch einmal den oben vorgestellten Gedanken, dass wir bei Gott zu jedem Zeitpunkt alles abgeben können, was uns belastet. Er ist für all das ans Kreuz gegangen, was uns von ihm und damit vom Leben trennt. Er beweist sich als der große „Vergeber" und darum kann ich getrost meine „himmlische Truhe" mit allem füllen, was mir auf Erden das Leben schwer macht.

Und weil Gott der „versöhnte Versöhner" ist, sind wir Menschen eingeladen, ebenfalls „versöhnte Versöhner" zu werden, das, was uns zugesagt wird, an andere weiterzugeben. Daraus entsteht schon nach kurzer Zeit die Ethik des Christentums: Es geht nicht darum, dass ich mich anständig benehme, damit Gott mich mag, sondern weil ich weiß, dass Gott mich mag, darum finde ich es nur folgerichtig, mich anständig zu benehmen. Weil ich von Gottes Liebe erfüllt bin, möchte ich diese Liebe auch anderen zukommen lassen.

Motivation meines Handelns ist dabei das Heil, das ich selbst erfahren habe, nicht ein Bedürfnis, irgendwem irgendetwas zu beweisen – mir, meinen Mitmenschen oder Gott. Oder anders ausgedrückt: Ein Mensch mit „innerer Leichtigkeit" hat überhaupt keinen Grund mehr, andere zu belügen, zu betrügen, zu hassen, zu demütigen oder ihnen in anderer Weise zu schaden. Er lebt doch mit sich und der Welt im Reinen.

Aus diesem Grund ist auch die gerne kolportierte Idee abwegig, dass ein Mensch, der um die Vergebung Gottes weiß, ja von nun an „wie ein Schwein" leben könne. Ja, das könnte er, aber nur theoretisch, denn ein solches Verhalten würde vor allem zeigen, dass er eben noch nicht begriffen hat, was für ein wundervolles Lebensfundament die Liebe Gottes ist.

Trotzdem hat auch der Theologe Dietrich Bonhoeffer darauf hingewiesen, dass die von Gott geschenkte Gnade natürlich keine „*billige Gnade*" sei. Billige Gnade wäre in diesem Zusammenhang eine Vergebung, auf die ich mich zwar berufe, die in meinem Leben aber nichts verändert. Eine Pseudo-Gnade, die ich als Feigenblatt vor mir hertrage, von der ich aber nicht ergriffen bin.

Deshalb haben Theologen gerne betont, dass die wahre Gnade die „Personalität des Menschen nicht aus-, sondern einschaltet". Das heißt: Gnade gibt es „non sine homine" – „nicht ohne den Menschen", der sie annimmt. Gnade ist im Kern ein Beziehungsgeschehen. Sie braucht einen Geber, der sie schenkt, und einen Empfänger, der das Geschenk aktiv annimmt. Erst da, wo ich die Gnade auch annehme und umsetze, ist wirklich Versöhnung passiert. Und die innere Leichtigkeit beflügelt mich ja genau in dem Moment, in dem ich von der Erkenntnis überwältigt werde: „Auch wenn ich Fehler mache, bin ich angenommen." Das aber setzt natürlich voraus, dass ich Fehler als Fehler erkenne und zugebe. Martin Luther hat dies alles in einer wunderschönen Formel zusammengefasst: *„Sündige tapfer, aber glaube tapferer!"* Damit ist eigentlich alles zum Thema „Heil" gesagt.

Nebenbei: Dass die Kreuzigung und die Auferstehung schon die Anhänger Jesu überforderten, zeigen die biblischen Berichte nur zu gut. Eine der schönsten Ostererzählungen möchte ich Ihnen zum Ausklang dieses Kapitels daher gerne noch mitgeben:

> *„Maria aber stand draußen vor dem Grab und weinte. Als sie nun weint, schaut sie in das Grab und sieht zwei Engel in weißen Gewändern sitzen, einen zu Häupten und den andern zu den Füßen, wo sie den Leichnam Jesu hingelegt hatten.*
>
> *Die fragen: ‚Frau, was weinst du?' Maria antwortet: ‚Sie haben meinen Herrn weggenommen, und ich weiß nicht, wo sie ihn hingelegt haben.' Und als sie das sagt, wendet sie sich um und sieht Jesus vor sich stehen, weiß aber nicht, dass es Jesus ist.*
>
> *Auch Jesus sagt zu ihr: ‚Frau, was weinst du? Wen suchst du?' Sie aber meint, es sei der Gärtner, und entgegnet: ‚Herr, hast du ihn weggetragen, so sage mir, wo du ihn hingelegt hast; dann will ich ihn holen.'*

Da spricht Jesus zu ihr: ‚Maria!' Sofort wendet sie sich um und spricht zu ihm auf Hebräisch: ‚Rabbuni!', das heißt: Meister! Jesus sagt: ‚Rühre mich nicht an! Denn ich bin noch nicht aufgefahren zum Vater. Geh aber hin zu meinen Brüdern und sage ihnen: ‚Ich fahre auf zu meinem Vater und zu eurem Vater, zu meinem Gott und zu eurem Gott.'

Maria von Magdala geht und verkündigt den Jüngern: ‚Ich habe den Herrn gesehen.'"

Warum weht der Geist, wo er will?

Die Lust an der Begeisterung

Der Geist ist ein ziemlich windiger Geselle. Wirklich. Niemand weiß so recht, wer oder was das eigentlich genau sein soll: der Heilige Geist. Und selbst Jesus verkündet, wie ich später noch genauer ausführen werde, gegenüber dem Gelehrten Nikodemus ganz fröhlich: *„Der Geist weht, wo er will."* Sprich: diesen Burschen kann man einfach nicht fassen. Der macht sich die Welt, widdewidde, wie sie ihm gefällt. Der treibt sich irgendwo rum, und keiner weiß wo. Na klasse! Trotzdem lohnt es sich, diesem ungewöhnlichen Phantom, diesem hurtigen Phänomen auf die Spur zu kommen.

Denn offensichtlich hatten nicht erst die frühen Christinnen und Christen, sondern schon die Israeliten das beglückende Gefühl: „Gottes Gegenwart, Gottes Nähe, Gottes Kraft – das ist alles nicht nur irgendwo weit weg, die kann man in sich spüren. Jeder kann das spüren. Ja, viele Leute sind sich gewiss: Gott wirkt. Mitten in dieser Welt. In den Menschen, durch die Menschen und um sie herum. Und zwar so unverkennbar, dass man dieser herrlichen, wohltuenden Erfahrung einen Namen geben muss. Gott, das „Göttliche" ist also nicht nur in seiner überirdischen Form als Schöpfer oder in der menschlichen Gestalt von Jesus Christus beschreibbar ... da gibt es noch eine dritte Erscheinungsweise, eine emotionale und bewegende, alles durchdringende „Energie". Und diese sagenumwobene Erfahrung nannten die Menschen kurzerhand „Heiliger Geist".

Tatsächlich ist schon im Alten Testament immer wieder vom geheimnisvollen Geist Gottes die Rede. Davon, dass Gott seinen Geist zu den Menschen schickt und ihnen damit quasi seine göttliche Unterstützung in Form einer ganz verwegenen Präsenz zusagt. Ja, mehr noch: Im Grunde beginnt die Bibel sogar mit dem Geist. Schließlich heißt es ganz am Anfang der Heiligen Schrift – noch bevor wir überhaupt erklärt bekommen, wer Gott ist: *"Und der Geist Gottes schwebte über den Wassern."* Erstaunlich, oder nicht?! Gleich im zweiten Satz der Bibel kommt ganz selbstverständlich der „Heilige Geist" vor. Und schon da „schwebt" er. Interessanterweise benutzten die Israeliten für diese schwebende, göttliche Kraft das Wort „Ruach", das im Hebräischen nicht nur feminin ist und damit sehr schön Gottes weibliche Seite hervorhebt, sondern ursprünglich „Wind" bedeutet: der heilige Hauch Gottes.

Ich finde: Das Wort „Wind" ist hier wahrlich genial gewählt. Denn auch für den Wind gilt ja: Man kann ihn nicht sehen, man kann ihn nicht fassen und man kann ihn nicht festhalten – aber man kann sehen, wie er wirkt und wie er Dinge in Bewegung bringt. Wind ist unsichtbar und lässt doch Blätter und Gräser rauschen, er zaubert Wellen aufs Meer, er entwurzelt gelegentlich Bäume, er streichelt im Sommer unsere Haut und er bringt Drahtseile zum Singen. Sprich: Auch das, was Wind ist, kann man nicht fassen, weder in Worte noch mit Händen. Und trotzdem umweht und umgibt er uns jeden Tag. Es geht also um eine Kraft, die sich unseren Beschreibungen entzieht und deren Auswirkungen wir dennoch auf ganz unterschiedliche Weise beobachten und sogar messen können.

Mir gefällt das sprachliche Gleichnis vom „Wind". Und wenn ich im Folgenden versuche, ein bisschen über die „Ruach Jahwe", den „Geist Gottes", den „göttlichen Windhauch" zu erzählen (um Ihnen Lust darauf zu machen, Ihre Seele hineinzuhalten), dann gestehe ich gerne ein, dass ich ihn, wie den Wind, am besten dadurch beschreibe, dass ich schildere, was er bewirkt, also: welche Konsequenzen sein Wehen im Leben der Menschen hat.

Nebenbei: Wie bei so vielen theologischen Themen hat sich die Christenheit auch beim Umgang mit dem „Heiligen Geist" im Lauf der Kirchengeschichte meist äußerst schwer getan – und immer wieder auch gespalten. Traurigerweise spielte die völlig skurrile Frage, woher eigentlich der Heilige Geist weht und ob er nur vom Vater im Himmel oder auch von dessen Sohn Jesus Christus ausgeht, sogar bei der Trennung der Christenheit in die Ost- und die Westkirche im Jahr 1054 eine entscheidende Rolle (diese Spaltung nennt man das sogenannte „Große Schisma" – falls Sie mal bei einem Empfang den Intellektuellen raushängen lassen wollen).

Die ersten Probleme mit dem „Heiligen Geist" hatten die Urgemeinden aber schon früher, als sie sich nämlich bemühten zu erklären, warum es denn jetzt neben dem Schöpfer und Jesus noch eine dritte Art geben sollte, wie Gott sich ausdrückt. Das war vor allem deshalb anstößig, weil die Israeliten ja viele Jahrhunderte stolz betont hatten, dass sie im Orient als einziges Volk nur einen Gott anbeteten. Sie waren überzeugte Monotheisten. Sie brauchten nicht für jeden Krimskrams irgendeinen heiligen Bewohner des Olymps. Und nun stand auf einmal die Frage im Raum: Ist der Heilige Geist so etwas wie ein verkappter Nebengott? Und war nicht sogar Jesus schon so was wie der Anfang eines neuen Götterpantheons? Schlich sich hier heimlich die Vielgötterei wieder ein, gegen die doch im Alten Testament so vehement gewettert worden war?

Nein! Bitte nicht! Das auf gar keinen Fall! Der Heilige Geist – so beschloss eine bedeutsame kirchliche Synode schon früh – ist auf keinen Fall eine eigenständige „Persönlichkeit". Er ist nur … wie sollte man das sagen? … nun, eine andere Art, wie Gott sich zeigt. Und um das zu bekräftigen, erfand man den neckischen Begriff „Dreieinigkeit". Vater, Sohn und Heiliger Geist sind drei und dabei doch eins – deshalb „drei-einig". Jede der drei Ausdrucksweisen oder Erscheinungsformen Gottes hat eine spezielle Aufgabe und verkörpert dabei bestimmte Aspekte des Göttlichen. Darum sprechen Theologen auch gern von „Trinität" oder „Dreifaltigkeit", also davon, dass Gott sich der Welt auf „dreifaltige" (= „dreifache") Art „entfaltet".

Für die frühen Christinnen und Christen hatte der Heilige Geist trotz dieser Querelen von Anfang an einen hohen Stellenwert. Unter anderem, weil er dafür verantwortlich war, dass Maria überhaupt mit dem Jesuskind schwanger geworden war, weil er bei der Taufe des Gottessohns auf diesen niedergefahren war, und weil Jesus ihn persönlich angekündigt hatte. Ja, in dem Augenblick, in dem die Jünger realisierten, dass Jesus demnächst wieder von ihnen gehen würde, hatte ihnen ihr Rabbi sinngemäß erklärt: *„Habt keine Angst. Auch wenn ich nicht mehr in meiner menschlichen Gestalt bei euch bin, seid ihr nicht allein und ohne göttlichen Beistand. Dafür sorge ich."* Und dann hatte er wörtlich gesagt: *„Ich will den Vater bitten, dass er euch einen Begleiter gibt, der ewig bei euch bleibt, den Geist der Wahrheit, den die Welt nicht empfangen kann, weil sie ihn nicht sieht und kennt. Ihr aber kennt ihn, denn er bleibt bei euch und wird in euch sein."*

Tja, und damit hatte Jesus ganz klar zum Ausdruck gebracht, wie eng der Heilige Geist damit verknüpft ist, dass ein Mensch die Kraft Gottes auch kennt und ihr vertraut. Den Geist erlebt man nicht einfach so. Nur wer an etwas glaubt, macht die großartige Erfahrung, dass er als Mensch über sich hinauswächst, dass er plötzlich die Kraft verspürt, „Berge zu versetzen", und dass er es trotz aller Gefahren und Unwägbarkeiten wagt, auf ein gutes Ende seiner Unternehmungen zu vertrauen.

Eine Erfahrung, die heutzutage vermutlich auch alle Motivationstrainer sofort unterschreiben würden. Für Jesus aber ist diese Kraft viel mehr als Selbstmotivation, sie ist ein Geschenk Gottes. Und weil

Glaube im Sinne Gottes immer bedeutet, nicht sich selbst, sondern etwas Größeres in den Mittelpunkt seines Denkens und Handelns zu stellen, ist dieser Tröster eben auch ein „Geist der Wahrheit". Er offenbart, was einen Menschen im Innersten antreibt und bewegt. Ob er ein Ziel hat, für das es sich zu leben und zu sterben lohnt.

Und tatsächlich passierte es dann: Der von Jesus angekündigte Beistand kommt. Mit einer fantastischen Show, die jede Revue in Las Vegas übertroffen hätte. Und wenn ich Ihnen das gleich beschreibe, bitte ich Sie einfach, sich diese grandiose Inszenierung mal ganz bildlich vorzustellen.

Also: Einige Tage nachdem der Mensch gewordene Gott auferstanden und anschließend in den Himmel gefahren ist, gießt Gott den Heiligen Geist in einem großen Festakt über die Jünger aus. Ein wundersames Erlebnis, das bei allen Beteiligten so nachhaltigen Eindruck hinterlässt, dass es bis heute als eigentliche „Geburtsstunde der Kirche" gilt – und jedes Jahr zu Pfingsten in allen Gemeinden auf der Welt leidenschaftlich gefeiert wird. Weil alle spüren: In dem Moment, in dem die Kraft Gottes bei den Menschen ankommt, beginnt etwas ganz Neues.

Voila: Die Jüngerschar hat sich in einem Haus versammelt. Und weil die Bibel betont, dass die Jüngerinnen und Jünger nach ihrem alles verändernden Erlebnis schnurstracks und fröhlich nach draußen rennen, können wir davon ausgehen, dass die Stimmung vorher ziemlich gedrückt war. Kein Wunder. Die Anhänger Jesu sind ohne ihren Meister verständlicherweise erst einmal ziellos, ängstlich und verzagt. Die Leidenschaft der ersten Stunde ist vergangen, und mancher überlegt sicherlich, ob es sich lohnt, weiterzumachen. Außerdem weiß keiner, ob nicht demnächst die römischen Soldaten an die Tür klopfen, um auch die Anhänger dieses hingerichteten „Messias" festzunehmen und ans Kreuz zu schlagen. Kein angenehmes Gefühl.

Doch dann geht es los: *„Es geschah ein Brausen vom Himmel wie von einem gewaltigen Wind und erfüllte das ganze Haus, in dem sie saßen."* Brausen, Wind, erfüllende Kraft: Unmissverständlichere Hinweise auf den Geist Gottes gibt es ja wohl kaum. Doch die sonderbare Zeremonie wird noch dramatischer: *„Und es erschienen Feuerzungen und setzten sich auf jeden von ihnen."* (Möglicherweise kommt ja daher der Ausdruck „jemandem Feuer unter dem Hintern machen", obwohl es hier vermutlich der Kopf war). Und dann geschieht das Wesentliche: *„Sie wurden alle erfüllt vom Heiligen Geist – und fingen an zu predigen in anderen Sprachen, wie es ihnen der Geist eingab."*

Sprich: Die eben noch zurückgezogenen, mutlosen, unsicheren Menschen stürmen ins Freie, fangen an, leidenschaftlich von ihrem Glauben zu schwärmen, und können mit Hilfe des Heiligen Geistes sogar in anderen Sprachen sprechen. Ja, sie sind so aufgedreht und enthemmt, dass einige der herbeiströmenden Leute kritisch bemerken: *„Haben die vielleicht schon am frühen Morgen etwas zu viel gebechert?"* *„Nein"*, ruft Petrus, *„wir sind nicht besoffen, wir sind voll des Heiligen Geistes".* Wie schön, dass bis heute das Wort „Begeisterung" auf diese 2000 Jahre alte Geschichte hinweist.

Der Heilige Geist, also: die göttliche Begeisterung, setzt in Menschen ungeahnte Kräfte frei und motiviert sie, reißt sie mit und nimmt ihnen die Angst. Das wird schon im Alten Testament berichtet. Und das Neue Testament führt gleich eine ganze Liste unterschiedlicher Fähigkeiten auf, die der Geist schenken kann. Wenn Sie diese Liste jeweils mit der Formulierung „Das alles kann man, wenn man begeistert ist" anschauen, dann kommen Sie dem Geheimnis des Heiligen Geistes vermutlich ganz nah.

Also, was können Personen, die den Heiligen Geist „haben"? Hier eine kleine Auswahl: sich selbst begeistern, andere begeistern, Menschen motivieren, sich leidenschaftlich für etwas einsetzen, Freunde inspirieren (darin steckt übrigens das lateinische Wort für Geist = spiritus), Hoffnung schenken, Bilder der Zukunft malen, Kranken Mut zum Leben machen, erste Schritte wagen, und manches, das scheinbar unmöglich schien, ermöglichen.

Im Rahmen dieser kleinen theologischen Einführung kann ich all diese lebensfrohen Eigenschaften mit Ihnen nicht ausführlich durchgehen, aber was es konkret bedeutet, vom Heiligen Geist erfüllt zu sein, das macht ein Satz aus dem 1. Korintherbrief deutlich. Der Apostel Paulus beschreibt die Rolle des Geistes darin sehr poetisch: *„Wisst ihr nicht, dass ihr ein Tempel des Heiligen Geistes seid und dass der Geist Gottes in euch wohnt?"* Ein toller Satz, oder?

Schauen wir uns das mal etwas genauer an. Wir alle, jede und jeder von uns, sind nach Paulus ein *„Tempel des Heiligen Geistes"* und damit ein Zuhause für das „Göttliche". Diese Aussage war damals schon deshalb revolutionär, weil das jüdische Volk ja jahrtausendelang davon ausgegangen war, dass Gott an einem ganz bestimmten heiligen Ort wohnt. Eben im Tempel. Und dieses Denkbild prägt viele Menschen bis heute: Gott ist in bestimmten Gebäuden, an bestimmten Plätzen, in bestimmten Abbildungen oder bei herausragenden Gelegenheiten zu finden. Was zugleich bedeutet: Wenn du Gott begegnen willst, dann musst du zu ihm hingehen. Ihn aufsuchen. Dich auf den Weg machen.

Nein, sagt Paulus, das stimmt nicht. Du musst nirgendwo hingehen. Gott ist schon da. Er ist bei dir. Sogar in dir. Du bist der Tempel. Du, Mensch, bist der Wohnsitz des Heiligen. Gott lebt in dir. Das heißt: Wir können endlos darüber diskutieren, ob es Gott gibt und was er will, entscheidend ist, dass du irgendwann seine himmlische Gegenwart in dir entdeckst. Dass du erkennst: Gott kommt zu dir. Gott ist dir nah. Gott will in dir und mit dir leben. Gott braucht keine Kirchengebäude, er braucht Menschen, in denen er wohnen kann.

Und das, was da in uns erfahrbar ist, diese Präsenz Gottes, die nennen wir „Heiliger Geist".

Eine derartige Verheißung, also die Zusage, dass Gott als Heiliger Geist in uns wohnen und uns zukunftsfähig machen möchte, hat Konsequenzen. Weil eine solche Vorstellung nicht nur für die Juden des ersten Jahrhunderts einen völligen Paradigmenwechsel bedeutete. Um es mal sehr pointiert auszudrücken: Früher dachte man „Gott ist gut, und der Mensch ist mangelhaft. Darum: Komm zum Tempel und hab dort Anteil am Guten Gottes, um selbst ein bisschen weniger mangelhaft zu sein." Und plötzlich heißt es: „Du bist heilig, Mensch. So heilig, dass Gott in dir wohnen möchte." Was bedeutet das konkret? Nun:

1. Der Heilige Geist stärkt unser Selbstwertgefühl

Dass wir der „Tempel" sind, ist so etwas wie ein Ritterschlag, ein Adelstitel, den Gott verleiht. Eine kraftvolle und aufbauende Zusage. Schließlich macht sie deutlich: „Denke niemals zu gering von dir. Der Schöpfer des Himmels und der Erde findet dich derart wundervoll, dass er in dir präsent sein möchte. Bei dir fühlt sich der Heilsbringer am wohlsten." Da, wo depressive Anflüge uns sagen wollen: „Du schaffst es nicht, weil du nicht gut genug bist", da wirft sich der Heilige Geist in den Ring und flüstert: „Das stimmt nicht. Du bist sogar für Gott gut genug. Und wenn du für Gott gut genug bist, dann bist du es allemal für dieses Leben. Also feiere!" Darum haben sich die Urchristinnen und -christen ja auch, wie schon erwähnt, gegenseitig die „Heiligen" genannt, weil sie erlebten, dass Gott mit ihnen ist.

2. Der Heilige Geist stärkt unsere Achtsamkeit

Dass wir der neue Tempel sind, ist eine Zusage, aber auch eine Aufgabe. Weil man mit einem heiligen Ort besonders achtsam umgehen sollte. Und tatsächlich fügt Paulus an: *„Achtet darauf, dass ihr den Tempel Gottes nicht verderbt."* Um es mal ein wenig geerdet in Worte zu fassen: Es gibt immer mehr „Tempel" mit Übergewicht, „Tempel", die sich falsch ernähren, nicht genügend Schlaf bekommen, unter Stress leiden, Abhängigkeiten entwickeln und vieles mehr. Weil eine ungesunde Lebensweise als Erstes zeigt, dass die Fürsorge für den eigenen Körper verloren gegangen ist. Deshalb stellt der Heilige Geist an uns regelmäßig die Frage: Sehe ich meinen Körper und meine Seele als etwas so Wertvolles und Behütenswertes an, dass ich ihnen die beste Pflege zukommen lasse? Die Wohnung Gottes sollte eine Luxussuite sein, keine Abstellkammer. Oder wie es die Heilige Teresa einmal ausdrückte: *„Meine Seele soll ein Garten sein, in dem Gott gerne wandert."*

3. Der Heilige Geist stärkt unsere Zielstrebigkeit

Dass wir der neue Tempel sind, ist ein Versprechen Gottes, in dem uns auch zugesagt wird, dass der Heilige Geist uns führen und leiten will. Das heißt: Die Gegenwart des Heiligen Geistes hat nicht nur eine Steigerung unserer Begeisterungsfähigkeit im Sinn, sie weist immer auch in die Zukunft. Gott sagt uns durch seinen Geist zu, dass unser Dasein einen Sinn hat und dass wir in dieser Welt etwas bewegen können. Dazu sind wir eingeladen. Und ich behaupte: Ein Mensch, der das weiß, der wird auch nicht antriebslos vor sich hin dümpeln. „Du kannst etwas verändern! Dein Leben kann einen Unterschied machen!" ruft der Heilige Geist uns zu. Und das finde ich schon deshalb bemerkenswert, weil die Frage, wie unsere Zukunft tatsächlich aussehen wird, ja stark davon abhängt, wie wir heute die Weichen

stellen. Wer begeistert ist, der lebt auf Zukunft hin, weil er sich berufen weiß, sie zu gestalten.

„Wisst ihr nicht, dass ihr ein Tempel des Heiligen Geistes seid und dass der
Geist Gottes in euch wohnt?" Ein wenig vereinfacht, könte man diese
biblische Zusage so in die heutige Zeit übertragen: Wenn ein Mensch
glauben kann, dass Gott ihn liebt, dann wird er nach und nach immer
klarer erfahren, dass diese Zusage ihn verwandelt. Dass in ihm und
mit ihm etwas Gutes geschieht. Dass er zunehmend „begeistert"
wird, und Gott durch ihn wirkt. Diese unfassbare „Kraft der Veränderung", diese „Begeisterung für das Leben", dieses „inspirierende Vertrauen" – das alles versuchen Glaubende seit Jahrtausenden in Worte
zu fassen. Was man nicht kann. Aber der Ausdruck „Heiliger Geist"
trifft es schon ziemlich gut.

Wo führt das alles hin?

Ein mutiger Blick in die Zukunft

Am 20. April 2007 genehmigte Papst Benedikt XVI. offiziell die Ergebnisse einer internationalen Theologenkommission, die vorgeschlagen hatte, die Lehre vom „Limbus puerorum" abzuwerten. In verständlichem Deutsch heißt das: „Es gibt doch keine Vorhölle für ungetaufte Kinder!"

Ist das nicht unfassbar? Die Geistlichen im Vatikan waren ernsthaft nach jahrelangen Beratungen zu der erstaunlichen Überzeugung gelangt, dass ungetaufte Kinder – anders als viele Jahrhunderte verkündet – nicht ins sogenannte Purgatorium, sondern direkt ins Paradies kommen. Dieses Purgatorium muss man sich übrigens als eine Art Folterkammer-Wartesaal vorstellen, in dem die Seelen zur Läuterung vor dem möglichen Eintritt in den Himmel eine halbe Ewigkeit gemartert werden.

Nun gilt also: Die unfassbare Vorstellung, verstorbene Kinder und Säuglinge müssten in einem Fegefeuer schrecklich dafür leiden, dass sie zu ihren kurzen Lebzeiten nicht über ein Taufbecken gehalten wurden, wird seither vom katholischen Lehramt nicht mehr unterstützt. Trotzdem betont das offizielle Dokument ausdrücklich, dass die Grundidee dieses „Limbus", dieser speziellen „Vorhölle für Kindlein", eine „mögliche theologische Meinung bleibe", die die Kirche nicht grundsätzlich verurteile.

Aha! So ist das: Wer will, darf in seiner Phantasie gerne weiter von einem Ort träumen, an dem ungetaufte Kinder gemartert werden. Ich gestehe: Solche Verlautbarungen sind alles andere als eine Glanzleistung der theologischen Wissenschaft.

Aber schauen wir uns diese merkwürdige Sache mit dem Jenseits trotzdem noch einmal etwas genauer an. Immerhin streifen wir mit dem „Limbus puerorum" ein Thema, das uns im weitesten Sinn alle angeht. Über die Idee, Gott würde Kinder martern, weil ihre Eltern das mit der Taufe versemmelt haben, kann man heutzutage nur den Kopf schütteln. Tatsache ist aber, dass wegen dieses absurden Gedankens jahrhundertelang alle Neugeborenen ganz schnell nach ihrer Geburt getauft wurden – aus lauter Angst, sie müssten sonst bei einem plötzlichen Tod Vorhöllenqualen erleiden. Und die dahinterstehenden Vorstellungen sind ja nach wie vor aktuell. Bis heute darf jeder Glaubende an einem Sterbenden eine „Not-Taufe" vollziehen, damit der arme Tropf neben dem Tod nicht auch noch anderes Teufelszeug erleben muss. Himmel hilf!

Tja, damit sind wir mitten drin in unserer letzten Fragestellung: Was kommt wohl nach dem Ende unseres irdischen Lebens? Ich vermute mal, dass keine Frage die Menschen so sehr beschäftigt, wie die nach dem Tod – selbst diejenigen, die gar nicht an irgendeinen Gott oder so was glauben. Das liegt vor allem daran, dass wir über den Tod *eines* definitiv sagen können: Er trifft uns todsicher. Sprich: Er erwischt jede und jeden. Irgendwann. Unausweichlich. Und ohne Pardon. So sehr wir auch versuchen, das Alter der Menschen mit verbesserter Hygiene und großartigen ärztlichen Leistungen in die Höhe zu treiben, und so sehr wir auch hoffen, uns bis zuletzt jung zu fühlen: Irgendwann ist es vorbei. Und dann?

Ich kann gut nachvollziehen, dass sich die Volksfrömmigkeit im Lauf der Jahrhunderte und zu allen Zeiten dafür interessiert hat, was wohl passiert, wenn man eines Tages tot ist. Wenn man seinen letzten Atemzug gemacht hat. Ob es da irgendwie weitergeht, oder ob man dann eben im wahrsten Sinne des Wortes „den Löffel abgegeben hat".

Doch selbst wenn man glauben kann, dass nach unserem „Hinscheiden" (wohin eigentlich?) noch was kommt, stehen ja noch viel mehr Fragen im Raum: Wartet da Gutes oder Schlechtes auf uns? Müssen wir möglicherweise für unser Leben geradestehen? Gibt es dann endlich Gerechtigkeit? Und wie könnte die aussehen? Wird einem die Ewigkeit nicht doch irgendwann langweilig? Dazu die leidige Unsicherheit: Werden wir wohl dereinst all unsere Lieben wiedersehen? (Antwort: „Ja, aber vermutlich nicht nur die." Kleiner Scherz am Rande.)

Es gibt tatsächlich wenige Dinge, die uns so tief und existentiell angehen wie der Tod. Nichtsdestotrotz müssen selbst Theologen ganz ehrlich eingestehen: Kaum etwas von dem, was wir über den Tod aussagen können, hat in irgendeiner Form Beweiskraft. Nicht mal einen Hauch. Wir bewegen uns dabei ausschließlich im Bereich der Spekulation. Warum? Ganz einfach: Weil uns schlicht die Augenzeugen fehlen.

Andererseits wird anhand dieser Erkenntnis auch sofort klar, warum die Auseinandersetzung mit dem Tod für Glaubende eine herausragende Bedeutung hat: Der einzige, der uns zum Thema „Was kommt nach dem Tod?" möglicherweise etwas sagen kann, ist Jesus Christus. Warum? Nun: Nicht nur, weil er während seiner Wanderjahre mehrere Leute vom Tod auferweckt hat, sondern weil er eben selbst vom Tod wieder auferstanden ist. Ob Ihnen Jesu Aussagen als Beleg für seine Jenseits-Kompetenz ausreichen, ist dann am Ende allerdings wieder eine Glaubensfrage.

Dabei sollte man eines unumwunden zugeben: Wie wir an der „Vorhölle für Kinder" sehen, haben auch Christinnen und Christen im Lauf der Jahrhunderte unfassbar viel Schindluder mit dem „Tod" getrieben. Ich habe bei meinen Ausführungen zur „Sünde" ja schon angedeutet, woran das lag: Es spielte den Machthabern in die Hände, wenn die Kirche den Menschen Angst vor der Hölle machte. Wer andauernd fürchtet, bis in alle Ewigkeit auf einem Menschenbarbecue geröstet zu werden (und das haben manche Gemeinden ihren Schäfchen als Schreckensvision ganz bildhaft vor Augen gemalt, nämlich an die Kirchenwände), der ist bereit alles zu tun, um das nur ja nicht zu erleben.

So wie manche Eltern ihrem Kind früher drohten „Wenn du dein Tellerchen nicht leer isst, dann kommt der böse Riese", so erklärten einige Kirchenoberen den Erwachsenen „Wenn du nicht tust, was wir oder die weltlichen Regenten wollen, dann warten auf dich endlose Höllenqualen". Was sie selbst schon schon auf Erden ganz konkret umsetzten, indem sie zum Beispiel bestimmten Menschen (Selbstmördern, Prostituierten u. a.) die Beerdigung auf einem Friedhof, also: in geweihter Erde, verweigerten, weil man solche „Sünder" dessen nicht würdig fand. Und weil man dadurch direkt zum Ausdruck bringen wollte, dass ihr schlechtes Benehmen zum Verlust des Himmels führte. Damals war man nämlich überzeugt, dass eine Beisetzung in geweihter Erde eine Voraussetzung für den Sprung in den Himmel sei.

Dass die Kirchen in ihrer 2000jährigen Geschichte vieles falsch gemacht und noch mehr falsch verstanden haben, ist bekannt. Trotzdem gehört die Atmosphäre von Furcht und Erniedrigung, die jahrhundertelang unter den Glaubenden verbreitet wurde, zu den schlimmsten Verfremdungen der biblischen Botschaft überhaupt.

Gleichzeitig muss man eingestehen, dass es wahrlich schwierig ist, etwas Fundiertes zum Thema „Tod" zu sagen. Was übrigens nicht nur für das Christentum gilt. Auch diejenigen, die mit dem Gott der Bibel wenig zu tun haben, bemühen sich ja verzweifelt zu umschreiben, was wohl nach dem Ende des irdischen Körpers auf uns wartet – und sind dabei nicht wirklich erfolgreicher. Jedenfalls finden wir heutzutage in der Gesellschaft gleich eine ganze Palette von Jenseitsvorstellungen: von der Idee, dass ein Mensch immer wieder geboren wird, über den Gedanken, dass die Seelen der Verstorbenen noch unter uns weilen und mit uns reden wollen, bevor sie in den heiligen Urgrund eingehen, bis zum Bild von lauter zu Engelchen gewordenen Menschenkindlein, die dann auf Wolken sitzen und für alle Ewigkeit Harfe spielen – also ein bunter Reigen von mehr oder weniger abwegigen Utopien. Klar ist: In der Bibel steht von all dem gar nichts. Übrigens auch nicht von harfenden Putten in weißen Kleidchen …

Ja, man muss sehr deutlich sagen: Das Alte und das Neue Testament halten sich, was den Tod angeht, bedeckt. Da findet man mal hier und mal da eine vorsichtige Andeutung, eine kurze Prophezeiung … oder eine Ermahnung, die Leserin oder der Leser möge das mit dem Tod nicht auf die leichte Schulter nehmen. Aber eine in sich abgeschlossene Lehre über das Leben nach dem Tod sucht man in der Bibel vergebens.

Dazu kommt: Wenn in der Heiligen Schrift überhaupt von Tod und Auferstehung die Rede ist, dann wird immer vom ganzen Menschen gesprochen, das heißt: von einem Wesen aus Fleisch und Blut. Die Vorstellung, dass es so etwas wie eine Seele gibt, die eventuell auch ohne Körper weiterexistiert, entwickelte sich überhaupt erst, als sich das Christentum nach und nach mit der griechischen Philosophie anfreundete. Und danach dauerte es auch noch lange Zeit, bis dieser Gedanke sich durchgesetzt hatte. Ja, die „Unsterblichkeit der Seele" wurde tatsächlich erst im Jahr 1513 im 5. Laterankonzil zur offiziellen Kirchenlehre erhoben.

Und noch etwas sollten wir uns bei diesem Thema bewusst machen: Die Bibel redet in punkto „Was kommt auf uns zu?" nur sehr wenig über das Sterben der oder des Einzelnen. Wenn über solche Dinge gesprochen wird, dann geht es in erster Linie darum, dass Jesus eines Tages wiederkommen und das versprochene „Reich Gottes" endgültig errichtet wird. Verbunden mit dieser allumfassenden „Neuschöpfung" war dann auch die tröstliche Verheißung, dass am „Jüngsten Tag" die Verstorbenen alle auferstehen werden. Allerdings wusste und weiß natürlich niemand genau, wann das sein wird. Und selbst Jesus hat seine Anhänger in diesem Punkt sehr im Unklaren gelassen.

Einerseits betont der Sohn Gottes mehrfach, dass das Reich Gottes schon mitten unter uns sei, andererseits kündigte er dessen spektakuläres Kommen erst noch an. Und zwar zeitnah. So nah, dass die Jüngerinnen und Jünger bitte jederzeit damit rechnen und wachsam sein sollen. Also, was denn nun? Ist das Reich schon da oder müssen wir noch darauf warten? Um dem Ganzen die Krone aufzusetzen, hat Jesus sogar noch eine dritte Variante für die Entwicklung der Zukunft im Angebot: Das Reich Gottes wächst ganz langsam heran, es ist schon gegenwärtig, aber noch klein wie *„ein Senfkorn"*, mit Hilfe der Glaubenden wird es aber stetig wachsen und sich dann wie ein *„Sauerteig"* ausbreiten.

Letztlich kann man die biblischen Zeugnisse zum Thema „Tod" ein wenig prosaisch so zusammenfassen: Ja, es kommt noch was, der Tod hat bei Gott nicht das letzte Wort (sonst hätte Jesus ihm ja nicht so elegant von der Schippe springen können), und es wird eines Tages einen großen Neuanfang geben. Doch was da genau auf die Menschheit wartet, ist nur schwer zu beschreiben. Da verwundert es nicht, dass sich die großen Vordenker der Christenheit im Lauf der Jahrhunderte mit einigen ziemlich grundsätzlichen Fragen herumschlagen mussten:

- Beerdigen wir auf dem Friedhof eigentlich den kompletten Menschen, oder wandert die Seele direkt zu Gott?
- Ist der „Himmel", wenn es ihn denn gibt, schon jetzt ein Platz für alle Ewigkeit, oder warten auch dort alle auf die Errichtung des „Reiches Gottes"?
- Erhalten die Verstorbenen bei der Auferstehung der Toten wieder einen Körper, oder kehrt nur die Seele zurück?
- Wird die neue Welt, die da kommen soll, auf der Erde errichtet, oder gibt es eine völlige Neugestaltung in anderer Dimension?
- Geht es beim von Jesus erwähnten „Jüngsten Gericht" um die Bestrafung oder um eine Reinigung des Menschen, bevor er in Gottes Gegenwart eintritt?

Ich wünschte sehr, ich könnte Ihnen all diese Fragen beantworten. Kann ich aber nicht. Und ich fürchte, dass das niemand kann. Doch trotz dieser vielen offenen Punkte lässt sich aus den vorsichtigen Ankündigungen Jesu einiges herauslesen, das mehr als tröstlich ist. Der Sohn Gottes sagt zwar nicht konkret, *was* geschehen wird, dennoch gibt er den Menschen deutliche Hinweise, *wie* sie sich auf das Kommende einstellen können. Einige dieser emotionalen Botschaften bündele ich hier:

1. Du brauchst keine Angst zu haben

Jesus betont immer wieder: Ein Mensch, der auf Gott vertraut, kann gewiss sein, dass dessen Liebe stärker ist als der Tod. Das heißt: Ganz gleich, was da „im Himmel" auf uns wartet, es wird herrlich sein. Denn wir sind dann nah bei Gott. In welcher Gestalt wir dort sein werden und ob sich diese Daseinsform überhaupt mit menschlichen Worten beschreiben lässt, ist für Jesus zweitrangig. Vermutlich sprengt der Himmel ohnehin all unsere Vorstellungskraft, eben weil er „göttlich schön" ist. Nicht in welcher Himmelsvariante wir bei Gott sein werden, spielt eine Rolle, sondern „dass" wir bei Gott sein werden.

2. Du bist in Gottes Hand

Auferstehung ist etwas anderes als Unsterblichkeit. Deshalb ist auch die Dimension der Ewigkeit für die biblischen Autoren relativ unwichtig. Ihnen geht es darum, das Gott derjenige ist, der handelt, sprich: Wir leben nach dem Tod nicht einfach irgendwie weiter, sondern werden von Gott aufgeweckt … auferweckt. Und auch wenn wir nicht wissen, zu welchem Zeitpunkt das geschehen wird (falls die Dimension der Zeit dann überhaupt noch eine Rolle spielt), auf eines können wir bauen: Dass derjenige, der im Leben Jesu die Grenzen des Todes mehrfach leichtfüßig überwunden hat, auch uns in der Hand hält und uns nicht fallen lässt.

3. Du bist eingeladen

Der Gedanke ans Jüngste Gericht hat viele Generationen beunruhigt. Es geht bei diesem Bild aber weniger darum, dass Gott sich für oder gegen den Menschen entscheidet. Gott ist immer für uns. Hinter dieser Vorstellung steckt eher die wundersame Erfahrung, dass viele Menschen sich von Gott abwenden. Deshalb wird beim „Jüngsten Gericht" letztlich geschaut, ob ein Mensch sich gegen Gott entschieden hat oder nicht. Und wer sein Leben lang mit Gott nichts zu tun haben wollte, der wird vermutlich auch an der „Himmelspforte" seinen Sinn nicht mehr ändern. Obwohl ich persönlich ja daran glaube, dass Gott auch dann weiter um seine Geschöpfe wirbt.

4. Du sollst bewusst leben

Jesus macht mehrfach deutlich, dass die Art, wie ein Mensch auf Erden sein Dasein gestaltet, auch seine Einstellung zur Ewigkeit prägen wird. Angesichts der damals ziemlich kurzen Lebenserwartung wundert es nicht, dass die Menschen ständig den Tod vor Augen hatten. Dennoch war die Aufforderung, verantwortlich zu leben, weniger auf das Jenseits ausgerichtet. Im Vordergrund stand immer, dass die Ideale Gottes schon zu unseren irdischen Zeiten so kostbar und sinnstiftend sind, dass man sich einen Gefallen tut, wenn man sie ernst nimmt. Allerdings sagt man ja selbst im Volksmund gerne: *„Wie jemand lebt, so stirbt er auch."* Sprich: Wer sich im Leben von Gott getragen weiß, der erlebt das auch im Sterben.

Auch wenn „Tod" und „Ewigkeit" höchst komplexe Fragen aufwerfen, deren Horizonte ich hier nur knapp abtasten konnte, halte ich es keineswegs für verwerflich, einem trauernden Kind zu erklären, dass die verstorbene Oma jetzt beim lieben Gott ist. Das ist sie ja. Auch wenn keiner genau weiß, wie. Und wenn sich das Kind die Oma gerne als Engel vorstellen möchte (oder als hellen Stern, „der da hinten, links neben dem großen"), dann sei es ihm erlaubt. Gott ist da garantiert sehr kulant …

Die Überschrift über diesem Kapitel lautet: „Wo führt das alles hin?" Weil es in der Eschatologie eben nicht nur um den Einzelnen geht, sondern darum, welche Zukunftsperspektiven Glaubende haben, wenn sie Gottes Sicht auf die Welt übernehmen. Und dazu finden wir im Buch der Offenbarung, ganz am Ende des Neuen Testaments, einige sehr poetische Prophezeiungen (Off. 21,1–5). Ich behaupte: Wenn man die vor Augen hat, dann kann man frohgemut sein.

Und ich sah einen neuen Himmel und eine neue Erde; denn der erste Himmel und die erste Erde sind vergangen, und das Meer ist nicht mehr. Und ich sah die heilige Stadt, das neue Jerusalem, von Gott aus dem Himmel herabkommen, bereitet wie eine geschmückte Braut für ihren Mann. Und ich hörte eine große Stimme von dem Thron her, die sprach: Siehe da, die Hütte Gottes bei den Menschen! Und er wird bei ihnen wohnen, und sie werden sein Volk sein, und er selbst, Gott mit ihnen, wird ihr Gott sein; und Gott wird abwischen alle Tränen von ihren Augen, und der Tod wird nicht mehr sein, noch Leid noch Geschrei noch Schmerz wird mehr sein; denn das Erste ist vergangen. Und der auf dem Thron saß, sprach: Siehe, ich mache alles neu! Und er spricht: Schreibe, denn diese Worte sind wahrhaftig und gewiss!

Wegweisendes zum Schluss

So, einmal tief durchatmen! Ja! Wir sind fast am Ziel angekommen – Gott sei Dank –, nachdem wir miteinander einen weiten gedanklichen Weg durch das „Land des Glaubens" gegangen sind. Vor allem aber haben wir uns intensiv mit theologischen Fragen beschäftigt, die Menschen schon seit Jahrtausenden bewegen. Und schon das finde ich immer wieder „erbaulich", wie man früher so schön sagte.

Noch mehr aber hoffe ich, dass Sie beim Lesen einige kostbare Anregungen für die eigene Auseinandersetzung mit „Gott und der Welt" bekommen haben. Nur: Wenn Sie jetzt antworten: „Ja, ich habe dies und jenes ganz neu verstanden!" – dann (und das schreibe ich mit einem charmanten Lächeln) haben Sie wohl das Wesentliche gerade nicht verstanden. Weil es beim Glauben eben nur am Rand ums Verstehen geht.

Nicht, dass wir uns falsch verstehen: Ich liebe es, Zusammenhänge zu begreifen und immer klarere Vorstellungen von etwas zu bekommen. Ja, ohne Denken wäre die Theologie arm dran. Sehr sogar. Aber „Glauben" meint eben etwas Existentielles, etwas, das uns ganz persönlich angeht.

Ja, lebendiger Glaube wagt den Sprung vom Denken ins Leben. Vom Grübeln ins Handeln. Vom Diskutieren ins Umsetzen. Und das bedeutet: Dogmatik ist eine Lehre, die in sich die Kraft der Lebensveränderung trägt. Aber diese Veränderung darf man nicht aus dem

Blick verlieren. Weil man von Gott nicht ernsthaft reden kann, ohne sich auf seine Botschaft einzulassen.

Was damit gemeint ist, beschreibt der Evangelist Johannes sehr schön in einer Geschichte, mit der ich mich von Ihnen an dieser Stelle verabschieden möchte: Eines Nachts schleicht sich ein äußerst gebildeter Mann zu Jesus, ein Pharisäer namens Nikodemus, den Jesus später mit dem Titel „Lehrer Israels" anspricht. Wir können also davon ausgehen, dass dieser „Oberste der Juden" die damaligen Glaubenslehren beherrscht und das Alte Testament fleißig studiert hat. Der Mann weiß unglaublich viel. Und darum sagt er auch als Erstes: *„Meister, wir wissen, dass du ein Lehrer bist, der von Gott kommt, denn die Wunder, die du tust, kann man nur vollbringen, wenn Gott mit einem ist."* Nikodemus ist also nicht nur ein gelehrter Theologe, er hat auch genau erkannt, was gerade in Israel vor sich geht.

Trotzdem kommt er heimlich in der Nacht. Damit ihn nur ja keiner zusammen mit diesem umstrittenen Jesus sieht. Sprich: Er traut sich nicht, sein Wissen auf sein Leben anzuwenden und sich zum Sohn Gottes zu bekennen. Er hat solche Angst davor, seinen Ruf zu verlieren, dass er „wider besseres Wissen" handelt. Er weiß, was richtig ist, doch dieses Wissen hat keine Konsequenzen. Womit wieder einmal deutlich wird, dass jemand alles verstehen kann, ohne den Mut zu haben, seine Erkenntnis auch umzusetzen. Das aber genau unterscheidet „Glauben" vom „Verstehen".

Wie so oft nutzt Jesus auch in dieser Geschichte ein Gleichnis, um seinem Gast etwas „Göttliches" zu veranschaulichen, um ihm deutlich zu machen, wie das mit Gott ist. Er sagt nämlich zu Nikodemus: *„Wenn jemand nicht von neuem geboren wird, dann kann er das Reich Gottes nicht erkennen."* Daraufhin fragt der verblüffte Gelehrte, der ganz in seiner akademischen Vorstellungswelt gefangen ist, natürlich sofort zurück: *„Was? Von neuem geboren werden? Wie soll das denn* gehen?" Doch Jesus antwortet nur: *„Du bist ein Lehrer und weißt das nicht?"*

Das Bild vom „Neu-geboren-Werden" steht für eine zutiefst „umwerfende" Erfahrung: Etwas in mir wird neu. Verändert mich. Lässt mich die Welt noch einmal mit ganz neuen Augen sehen. Ich lasse zu, dass eine Erkenntnis mich verwandelt, dass das, was ich verstanden habe, Folgen hat. Und ich bin bereit, mich auf das Wagnis des Glaubens einzulassen, auch wenn ich noch nicht genau weiß, was geschehen wird. Darum steht auch genau an dieser Stelle der berühmte Satz Jesu: *„Der Geist weht, wo er will."*

Daraufhin betont der Sohn Gottes in den folgenden Versen noch einmal: *„Ich habe euch das mit Gott ausführlich erklärt. (Intellektuell ist also alles klar.) Und ich habe euch Wunder gezeigt. (Ihr habt also gesehen, dass Glaube in der Praxis funktioniert.) Euch aber fällt es trotzdem immer noch so schwer, das anzunehmen."*

Entscheidend beim Glauben ist, dass das, was ich verstehe, Konsequenzen hat – eben so, als würde ich noch einmal eine Geburt erleben, noch einmal neu ins Leben fallen. Oder besser gesagt: in die liebevollen Arme Gottes.

Vielleicht klang das jetzt am Ende ein wenig fromm. Mag sein. Aber ich wollte Ihnen gerne noch einmal vor Augen führen, dass Dogmatik so etwas wie ein kraftvoll federndes Sprungbrett sein kann. Ein Sprungbrett der Erkenntnis, das bei aller Freude an der intellektuellen Auseinandersetzung vor allem eine Aufgabe hat: Es will zum Springen einladen. Denn auch wenn sich Gott wohl niemals abschließend „ergründen" lässt – in seiner Liebe baden, das kann man. Jederzeit. Und grenzenlos. Guten Sprung!

Register

Fabian Vogt

Luther für Neugierige

Das kleine Handbuch des
evangelischen Glaubens

176 Seiten | Paperback
ISBN 978-3-374-02844-3
EUR 9,95 [D]

Wie war das noch mal mit Luther und der Reformation?
Was glauben evangelische Christen – und was nicht? Ist
Katechismus etwas Ansteckendes? Sind Protestanten eine
exotische Spezies? Und: Dürfen evangelische Männer katholische Frauen küssen?
Fabian Vogt gibt Antworten: Fundiert, übersichtlich und
dabei höchst unterhaltsam vermittelt er Grundwissen zum
Glauben und den kulturellen Erscheinungsformen des Protestantismus. Das Buch ist ein Lesevergnügen für Heiden
wie für Fromme aller Couleur, dabei nützlich und hilfreich.

EVANGELISCHE VERLAGSANSTALT
Leipzig

Tel +49 (0) 341/ 7 11 41 -16   vertrieb@eva-leipzig.de

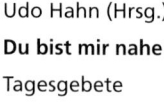